Max Lucado

FÜRCHTE
DICH NICHT

… denn ich bin immer bei dir

MAX LUCADO

FÜRCHTE DICH NICHT

...denn ich bin immer bei dir

Aus dem Amerikanischen übersetzt
von Katharina Rebecca Kalmbach

Das amerikanische Original erschien im Verlag Thomas Nelson, Nashville,
Tennessee, unter dem Titel „Fear Not".
© 2009 by Max Lucado
© 2010 der deutschen Ausgabe by Gerth Medien GmbH, Asslar,
in der Verlagsgruppe Random House GmbH, München

Die Bibelzitate wurden folgenden Übersetzungen entnommen:
Gute Nachricht Bibel, revidierte Fassung, durchgesehene Ausgabe in neuer
Rechtschreibung, © 2000 Deutsche Bibelgesellschaft, Stuttgart (GN)
Lutherbibel, revidierter Text 1984, durchgesehene Ausgabe in neuer
Rechtschreibung, © 1999 Deutsche Bibelgesellschaft, Stuttgart (LÜ)
Hoffnung für alle – Die Bibel, durchgesehene Ausgabe in neuer
Rechtschreibung, © 1986, 1996, 2002 by International Bible Society, USA.
Übersetzt und herausgegeben durch: Brunnen Verlag Basel, Schweiz (Hfa)
Einheitsübersetzung der Heiligen Schrift, © 1980 Katholische Bibelanstalt,
Stuttgart. Durchgesehene Ausgabe in neuer Rechtschreibung,
© 1999 Verlag Katholisches Bibelwerk GmbH, Stuttgart (EÜ)
Neues Leben. Die Bibel, © 2002 und 2006 SCM R. Brockhaus
im SCM-Verlag GmbH & Co. KG, Witten (NL)

FSC
Mixed Sources
Product group from well-managed
forests and other controlled sources
Cert no. SA-COC-001819
www.fsc.org
© 1996 Forest Stewardship Council

Verlagsgruppe Random House FSC-DEU-0100
Das FSC-zertifizierte Papier *München Super Extra*
für dieses Buch liefert Arctic Paper Mochenwangen GmbH.

1. Auflage 2010
Bestell-Nr. 816 553
ISBN 978-3-86591-553-5

Umschlaggestaltung: www.linedesign.de, Ursula Stephan
Umschlagfoto: Shutterstock
Lektorat: Nicole Schol
Satz: Die Feder GmbH, Wetzlar
Druck und Verarbeitung: CPI Moravia

Inhalt

FÜRCHTE DICH NICHT

…Gott ist da

Gott möchte so gerne in Ihr Leben kommen.

Sie sind gerade im Krankenhaus? Dann ist er auch dort.

Sitzen Sie bis spät in der Nacht am Schreibtisch,
weil Sie unbedingt noch ein Projekt fertigstellen müssen?
Er bleibt mit Ihnen wach!

Liegt eine Person, die Sie lieben, gerade im Sterben?
Dann sitzt er in jedem Augenblick an Ihrer Seite.

Laden Sie ihn einfach ein. „Merkst du es denn nicht?
Noch stehe ich vor deiner Tür und klopfe an.
Wer jetzt auf meine Stimme hört und mir die Tür öffnet,
zu dem werde ich hineingehen und Gemeinschaft mit ihm
haben" (OFFENBARUNG 3,20; HFA).

„Merkst du es denn nicht?
Noch stehe ich vor deiner Tür und klopfe an.
Wer jetzt auf meine Stimme hört und mir die Tür öffnet,
zu dem werde ich hineingehen
und Gemeinschaft mit ihm haben."

OFFENBARUNG 3,20; HFA

„Wenn ich auch von allen Seiten bedrängt werde,
wirst du mich doch vor dem Hass meiner Feinde bewahren.
Du wirst die Hand gegen meine wütenden Feinde erheben
und mich durch deine Macht retten."

PSALM 138,7; NL

„Sucht die Nähe Gottes, dann wird er euch nahe sein."

JAKOBUS 4,8; HFA

9

„Danach redete der Herr zu Abram in einer Vision:
‚Hab keine Angst, Abram, ich selbst beschütze dich,
ich werde dich auch reich belohnen!'"

1. MOSE 15,1; HFA

„‚Warum habt ihr Angst?', fragte Jesus.
‚Wieso zweifelt ihr daran, dass ich es bin?
Seht doch die Wunden an meinen Händen und Füßen!
Ich bin es wirklich.'"

LUKAS 24,38–39; HFA

„Josef von Arimathäa wagte es, zu Pilatus zu gehen
und ihn um den Leichnam von Jesus zu bitten.
Josef war ein hochgeachtetes Ratsmitglied und einer von denen,
die auch darauf warteten, dass Gott seine Herrschaft aufrichte."

MARKUS 15,43; GN

Wenn die Angst unser Leben bestimmt, wird die Sicherheit zu unserem Gott. Und wenn die Sicherheit unser Gott wird, beten wir ein Leben an, das frei ist von jeglichem Risiko. Kann jemand, der die Sicherheit liebt, Großes tun? Können Risiko-Hasser Heldentaten vollbringen? Für Gott? Oder für andere? Nein.

Wer von Angst erfüllt ist, kann nicht von ganzem Herzen lieben. Liebe ist riskant.

Sie können nicht großzügig geben, denn wer großzügig ist, hat keine Garantie, dass er auch etwas zurückbekommt. Die Ängstlichen haben keine großen Träume, denn was wäre, wenn diese wie Seifenblasen zerplatzen würden?

Wer die Sicherheit anbetet, entmannt die Größe. Kein Wunder also, dass Jesus so entschlossen gegen die Angst vorgeht.

„Ich, der Herr, sage: Ich bin nicht nur der Gott in eurer Nähe,
sondern auch der ferne Gott, über den ihr nicht verfügt."

JEREMIA 23,23; HFA

„Glücklich das Volk, dessen Gott der Herr ist!"

PSALM 144,15; HFA

„Denn Gott bewirkt in euch den Wunsch, ihm zu gehorchen,
und er gibt euch auch die Kraft zu tun,
was ihm Freude macht."

PHILIPPER 2,13; NL

Sie können „morgen" nicht schon heute leben.

Sie können nicht das Geld von morgen ausgeben,
die Erfolge von morgen feiern oder die Rätsel von morgen lösen.
Ihnen steht nur der heutige Tag zur Verfügung.

Leben Sie ihn. Erschweren Sie ihn sich nicht durch Reue
über gestern und verderben Sie ihn sich nicht durch die Sorgen
von morgen.

Füllen Sie Ihren Tag mit Gott. Geben Sie dem Tag eine Chance.

„Seid mutig und stark! Habt keine Angst,
und lasst euch nicht von ihnen einschüchtern!
Der Herr, euer Gott, geht mit euch.
Er hält immer zu euch und lässt euch nicht im Stich!"

5. Mose 31,6; Hfa

„Macht euch keine Sorgen! Ihr dürft Gott um alles bitten.
Sagt ihm, was euch fehlt, und dankt ihm!
Und Gottes Friede, der all unser Verstehen übersteigt,
wird eure Herzen und Gedanken im Glauben
an Jesus Christus bewahren."

Philipper 4,6–7; Hfa

„Darum sage ich euch: Macht euch keine Sorgen um euer Leben, ob ihr etwas zu essen oder zu trinken habt, und um euren Leib, ob ihr etwas anzuziehen habt!"

Matthäus 6,25; GN

Berechtigte Bedenken haben sich in lähmende Panik verwandelt. Ich habe die Grenze zur Angst überschritten. Ich schaue nicht mehr voraus und bereite mich vor, sondern bin stattdessen zur „Oh, ich Armer!"-Bruderschaft übergelaufen. Davor warnt Jesus uns. Eine andere Bibelübersetzung formuliert diesen Vers folgendermaßen: „Zermartert euch nicht mit Sorgen darüber, ob ihr genug zu essen haben werdet. Macht euch auch keinen Kopf darüber, was ihr anziehen könnt" („Das Buch"-Übersetzung).

Jesus wendet sich hier nicht dagegen, dass wir uns Gedanken um Aufgaben machen, sondern vielmehr gegen eine unablässig sorgenvolle Haltung, die Gott völlig außer Acht lässt. Zerstörerisches Sorgen lässt Gott außen vor, tritt Unsicherheiten ohne Glauben gegenüber und macht die Rechnung ganz ohne Gott.

Die Sorge ist wie eine Dunkelkammer, in der Negative Farbe annehmen.

*„In der Nacht nach seiner Ankunft erschien ihm der Herr
und sprach: ,Ich bin der Gott deines Vaters Abraham.
Hab keine Angst, denn ich bin bei dir!'"*

1. Mose 26,24; HfA

*„Eines Nachts sprach der Herr in einer Vision zu Paulus:
,Hab keine Angst! Predige weiter und schweige nicht!
Ich bin bei dir.'"*

Apostelgeschichte 18,9–10; HfA

*„Wohin soll ich gehen vor deinem Geist, und wohin soll ich fliehen
vor deinem Angesicht? […] Nähme ich Flügel der Morgenröte
und bliebe am äußersten Meer, so würde auch dort deine Hand
mich führen und deine Rechte mich halten."*

Psalm 139,7.9–10; LÜ

„Und ich versichere euch:
Ich bin immer bei euch bis ans Ende der Zeit."
<small>MATTHÄUS 28,20; NL</small>

Schreiben Sie es sich auf: Sie werden niemals irgendwohin gehen, wo Gott nicht ist. Sie können zum Wehrdienst eingezogen, auf Montage geschickt, in eine andere Stadt versetzt oder ins Krankenhaus eingeliefert werden, aber – schreiben Sie sich diese Wahrheit ins Herz – Sie können niemals irgendwohin gehen, wo Gott nicht ist.

„Denn fast wären sie verhungert und verdurstet,
doch er gab ihnen genug zu essen und zu trinken."
Psalm 107,9; HFA

„Habt keine Angst vor dem, was sie fürchten!
Ich bin der Herr, der allmächtige und heilige Gott.
Wenn jemand zu fürchten ist, dann ich!"
Jesaja 8,12–13; HFA

„Der Engel wandte sich an die Frauen:
,Fürchtet euch nicht!
Ich weiß, dass ihr Jesus, den Gekreuzigten, sucht.
Er ist nicht mehr hier. Er ist auferstanden,
wie er es vorhergesagt hat.'"
Matthäus 28,5–6; HFA

*D*ie Furcht vor den Dingen ist überdimensional und nicht gerade nett und teilt sich den Raum in unserem Herzen nicht gern mit der Freude. Und so gibt die Freude nach. Haben Sie die beiden schon jemals zusammen erlebt?

Kann man zugleich glücklich sein und sich fürchten?

Oder klar denken und sich fürchten?

Oder selbstbewusst sein und sich fürchten?

Oder gnädig sein und sich fürchten?

Nein. Die Angst ist wie die Schlägertypen in der Schule: fies, laut und unproduktiv. Die Angst macht viel Lärm, nimmt viel Raum ein, bringt aber letztlich nichts.

„Dann sprach [der Engel]:
‚Hab keine Angst, du bist unendlich geliebt!
Friede sei mit dir. Sei stark, ja, sei stark!'"
<small>DANIEL 10,19; NL</small>

„Doch selbst wenn ihr dafür leidet, dass ihr das Richtige tut:
Gott wird euch dafür belohnen. Also habt keine Angst
und seid unbesorgt."
<small>1. PETRUS 3,14; NL</small>

„In der letzten Nacht stand neben mir ein Engel des Gottes,
dem ich gehöre und dem ich diene.
Er sagte: ‚Fürchte dich nicht, Paulus.
Du wirst vor den Kaiser gebracht werden.'"
<small>APOSTELGESCHICHTE 27,23–24</small>

D „Der Engel des Herrn stellt sich schützend vor alle, die Gott ernst nehmen, und bringt sie in Sicherheit" (PSALM 34,8; HFA). Lassen Sie diese Wahrheit Ihre Angst vertreiben! Nicht einmal der reichste Mensch der Welt genießt den Schutz, den Ihnen die Engel Gottes bieten.

Gott sendet seine stärksten Truppen aus, damit diese über Ihr Leben wachen. Stellen Sie sich vor, der amerikanische Präsident gäbe dem Geheimdienst den Befehl, Sie zu beschützen, forderte seine Agenten dazu auf, Ihr Auto mit einer Fahrzeugkolonne durch den Verkehr zu begleiten, und Sie sicher durch Menschenmassen zu führen. Wie würden Sie schlafen, wenn Sie wüssten, dass Ihre Haustür vom besten Geheimdienst der Welt bewacht würde? Wie würden Sie schlafen, wenn Sie wüssten, dass der beste himmlische Geheimdienst genau das tut? Sie sind nicht alleine. Vertrauen Sie Gott die Herrschaft über Ihr Leben an. Die vielen mächtigen himmlischen Heere werden dann über Ihnen wachen.

„Deshalb seid stark und mutig, alle,
die ihr eure Hoffnung auf den Herrn setzt!"

PSALM 31,25; NL

„Hab also keine Angst, kleine Herde.
Denn es macht eurem Vater große Freude,
euch das Reich Gottes zu schenken."

LUKAS 12,32; NL

„Sprecht zu denen, die tief beunruhigt sind:
‚Seid stark und fürchtet euch nicht.
Seht doch: die Rache und Vergeltung unseres Gottes kommt.
Er wird kommen und euch retten.'"

JESAJA 35,4; NL

Angst hat nie eine Symphonie oder ein Gedicht verfasst, einen Friedensvertrag ausgehandelt oder eine Krankheit geheilt.

Angst hat noch nie eine Familie aus der Armut herausgeholt und kein Land vom Fanatismus befreit.

Angst hat noch nie eine Ehe oder eine Firma gerettet.

Mut kann das. Glaube kann das.

Menschen, die sich ihrer Ängstlichkeit nicht beugen und nicht auf sie hören, können das. Aber die Angst selbst? Sie sperrt uns in ein Gefängnis und lässt hinter uns die Tür ins Schloss fallen.

Wäre es nicht großartig, wenn wir es einfach verlassen könnten?

Nehmen wir einmal an, Sie könnten Ihr Leben noch einmal von vorne beginnen, ohne Schuldgefühle, Lüsternheit, Rachedurst, Unsicherheit oder Furcht. Wären Sie dann ein anderer Mensch?

Gott verändert einen Menschen, indem er dessen Denken verändert. Und wie geschieht das? Wenn Christus Ihre Gedanken beherrscht, wird er Sie Stück für Stück immer weiter verändern, bis Sie – und jetzt kommt es – bereit sind, bei ihm zu leben!

Der Himmel ist das Land des sündlosen Denkens, virusfreier Gedanken, absoluten Vertrauens. Dort gibt es weder Furcht noch Zorn. Und Scham und Besserwisserei gehören zu den Praktiken eines früheren Lebens. Im Himmel wird es wunderbar sein, aber nicht, weil die Straßen aus Gold sind, sondern weil unsere Gedanken rein sind.

Worauf warten Sie noch? Schenken Sie ihm Ihre besten Gedanken, und schauen Sie, ob er nicht Ihr Denken verändert.

„Richtet eure Gedanken auf Gottes unsichtbare Welt
und nicht auf das, was die irdische Welt zu bieten hat."

KOLOSSER; 3,2; HFA

„Deshalb bleiben wir zuversichtlich, obwohl wir wissen,
dass wir nicht daheim beim Herrn sind, solange wir noch in diesem
Körper leben. Denn wir leben im Glauben und nicht im Schauen.
Ja, wir sind voll Zuversicht und würden unseren jetzigen Körper
gern verlassen, weil wir dann daheim beim Herrn wären."

2. KORINTHER 5,6–8; NL

„Von uns allen wurde der Schleier weggenommen,
sodass wir die Herrlichkeit des Herrn wie in einem Spiegel sehen
können. Und der Geist des Herrn wirkt in uns,
sodass wir ihm immer ähnlicher werden und immer stärker
seine Herrlichkeit widerspiegeln."

2. KORINTHER 3,18; NL

„Herr, wer unter allen Göttern ist dir gleich?
Wer ist wie du, herrlich und heilig?
Wer vollbringt so große, furchterregende Taten?
Wer tut Wunder – so wie du?“

2. MOSE 15,11; HFA

„… hoffe auf den Herrn!
Denn der Herr ist gnädig und sein Erbarmen ist groß.“

PSALM 130,7; NL

„Wer von euch fragt nach dem Herrn,
wer hört auf seinen Bevollmächtigten? Er darf wissen:
Auch wenn sein Weg durchs Dunkel führt
und er nirgends ein Licht sieht – auf den Herrn kann er sich
verlassen, sein Gott hält und führt ihn.“

JESAJA 50,10; GN

*D*ie Jahreszeiten beunruhigen uns nicht. Aber unerwartete Phasen in unserem persönlichen Leben schon. Wenn man bedenkt, wie wir bei Veränderungen manchmal in Panik geraten, könnte man meinen, es stünde ein Bombenangriff bevor.

„Rennt um euer Leben! Demnächst bin ich mit der Schule fertig!"

„Alle in Deckung! Der Vorstand hat einen neuen Geschäftsführer eingestellt!"

„Packt die Frauen und Kinder in den Bus und bringt sie von hier weg. Der Supermarkt um die Ecke macht zu!"

Veränderungen spielen mit unserem Leben Jojo, und dann schickt Gott uns jemanden, damit wir nicht aus dem Gleichgewicht kommen. Am Vorabend seines Todes gab Jesus seinen Jüngern folgendes Versprechen: „Der Vater wird euch in meinem Namen den Helfer senden, der an meine Stelle tritt, den Heiligen Geist. Der wird euch alles Weitere lehren und euch an alles erinnern, was ich selbst schon gesagt habe. Zum Abschied gebe ich euch den Frieden, meinen Frieden, nicht den Frieden, den die Welt gibt. Erschreckt nicht, habt keine Angst!" (Johannes 14,26–27; GN).

Weil sie Angst haben, etwas Falsches für Gott zu tun, tun manche gar nichts für Gott.

Weil sie Angst haben, die falsche Entscheidung für das Reich Gottes zu treffen, entscheiden manche gar nichts im Reich Gottes.

Weil sie Angst haben zu versagen, lassen sich manche eine Chance entgehen.

Aber das müssen Sie gar nicht. Ihr Gott ist nämlich ein guter Gott.

Er hat Sie in diesem Leben mit Stärken reich beschenkt und Ihnen ein Versprechen für das kommende Leben gegeben. Besteigen Sie einen Gipfel und er wird Sie nicht stürzen lassen. Riskieren Sie etwas Großes und er wird Sie nicht im Stich lassen. Er lädt Sie ein, von dem Tag zu träumen, an dem Sie seine Hand auf Ihrer Schulter spüren und er Ihnen in die Augen schaut. „Gut gemacht", wird er dann sagen, „du guter und treuer Diener."

„„Sehr gut', sagte der Herr, ,du bist ein tüchtiger und treuer Diener.
Du hast dich in kleinen Dingen als zuverlässig erwiesen,
darum werde ich dir auch Größeres anvertrauen.
Komm zum Freudenfest deines Herrn!"'

MATTHÄUS 25,23; GN

„Barmherzig und gnädig ist der Herr,
geduldig und voll großer Gnade."

PSALM 103,8; NL

„Die Beamten am Sitz des Statthalters und alle, die meinen Prozess verfolgt haben, wissen jetzt, dass ich angeklagt bin, weil ich Christus diene. Und gerade weil ich im Gefängnis sitze, sind die meisten Brüder und Schwestern hier am Ort durch den Beistand des Herrn voller Zuversicht und getrauen sich, die Botschaft Gottes nun erst recht und ohne Furcht weiterzusagen."

PHILIPPER 1,13–14; GN

„Was Gott einmal beschlossen hat, das führt er auch aus."

EPHESER 1,11; HFA

„Der Herr wird mich auch künftig vor allen bösen Anschlägen retten und mich sicher in sein himmlisches Reich bringen. Ihm gehört die Herrlichkeit für alle Ewigkeit!"

2. TIMOTHEUS 4,18; GN

Der Apostel Paulus hätte diesen Aussagen sicher begeistert zugestimmt. Er schrieb seine letzten Worte nämlich an einen Wärter gekettet in den Tiefen eines römischen Gefängnisses – als er schon die Schritte seines Scharfrichters hören konnte. Ist das die schlimmste Situation, in der wir uns wiederfinden können? Nein, Paulus sah das anders: „Der Herr wird mich auch künftig vor allen bösen Anschlägen retten und mich sicher in sein himmlisches Reich bringen. Ihm gehört die Herrlichkeit für alle Ewigkeit!" (2. Timotheus 4,18; GN).

Paulus war entschlossen, seinem himmlischen Vater zu vertrauen.

„Was ist nun also der Glaube? Er ist das Vertrauen darauf, dass das,
was wir hoffen, sich erfüllen wird, und die Überzeugung, dass das,
was man nicht sieht, existiert."

Hebräer 11,1; NL

„Das Unglück kann ihm nichts anhaben,
an einen so gerechten Menschen wird man sich immer erinnern.
Er fürchtet sich nicht vor schlechter Nachricht,
sondern vertraut fest darauf, dass der Herr für ihn sorgt."

Psalm 112,6–7; NL

„Da wir nun so viele Zeugen des Glaubens um uns haben,
lasst uns alles ablegen, was uns in dem Wettkampf behindert,
den wir begonnen haben – auch die Sünde,
die uns immer wieder fesseln will.
Mit zäher Ausdauer wollen wir auch noch das letzte Stück
bis zum Ziel durchhalten."

Hebräer 12,1; HFA

Die Biographie eines Nachfolgers Jesu beginnt oftmals mit schrecklichen Kapiteln. Todesangst. Versagensangst. Angst vor Einsamkeit. Angst vor einem verschwendeten Leben. Angst, Gott nicht gut genug zu kennen.

Glaube beginnt, wenn Sie Gott auf dem Berg sehen, während Sie im Tal sind, und wenn Ihnen klar wird, dass Sie zu schwach sind, um den Berg zu erklimmen. Sie kennen Ihre Bedürfnisse, Sie wissen, was Sie haben, und das, was Sie haben, reicht nicht aus, um irgendetwas zu erreichen.

Mose stand vor einem Meer und hatte den Feind im Rücken. Die Israeliten standen vor der Wahl, entweder zu schwimmen oder zu kämpfen. Aber keine Möglichkeit bot wirklich einen Ausweg.

Die Gemeinde in Jerusalem wusste, sie konnte nicht darauf hoffen, dass Petrus aus dem Gefängnis freikam. Zwar waren einige Christen bereit zu kämpfen, aber es waren zu wenige. Was sie brauchten, waren keine Muskeln. Sie brauchten ein Wunder.

Glaube, der mit Angst beginnt, bringt uns dem Vater näher.

*„Denn ich bin ganz sicher: Weder Tod noch Leben, weder Engel
noch Dämonen, weder Gegenwärtiges noch Zukünftiges,
noch irgendwelche Gewalten, weder Hohes noch Tiefes oder sonst
irgendetwas können uns von der Liebe Gottes trennen,
die er uns in Jesus Christus, unserem Herrn, schenkt."*

RÖMER 8,28–29; HFA

*„Aber Jesus sprach sie sofort an:
‚Habt keine Angst! Ich bin es doch, fürchtet euch nicht!'"*

MATTHÄUS 14,27; HFA

Wir erwarten, dass er in schönen Kirchenliedern oder Gottesdiensten oder Zeiten der Stille zu uns kommt. Wir rechnen mit ihm in unserer morgendlichen Andacht, unseren Gemeindeveranstaltungen und unseren Gebetszeiten. Wir würden niemals an der Börse, in einer Kündigung, einem Gerichtsverfahren, bei einer Zwangsvollstreckung oder im Krieg mit ihm rechnen. Wir erwarten ihn nicht im Sturm. Aber gerade im Sturm zeigt er sich, denn dann hat er unsere volle Aufmerksamkeit.

Wir können nirgends hingehen, wo Gott nicht schon ist. Schauen Sie einmal über Ihre Schulter, dann sehen Sie, dass Gott Ihnen folgt. Blicken Sie sich im Sturm um: Jesus kommt zu Ihnen.

„Wenn jemand Durst hat, soll er zu mir kommen und trinken!
Wer an mich glaubt, aus dessen Innerem werden Ströme
lebendigen Wassers fließen …"

JOHANNES 7,37–38; NL

„Wie der Hirsch nach Wasser dürstet,
so sehne ich mich nach dir, mein Gott.
Mich dürstet nach Gott, nach dem lebendigen Gott."

PSALM 42,2–3; NL

„Ich bin das Alpha und das Omega – der Anfang und das Ende.
Jedem, der durstig ist, werde ich aus der Quelle,
die das Wasser des Lebens enthält, umsonst zu trinken geben!"

OFFENBARUNG 21,6; NL

*I*hr Schöpfer hat Sie mit einem Durstgefühl geschaffen – einem Hinweis darauf, das Sie Flüssigkeit brauchen. Wenn es Ihnen an Flüssigkeit mangelt, können Sie die Symptome erkennen: Trockener Mund. Geschwollene Zunge. Wenn Sie Ihrem Körper die nötige Flüssigkeit entziehen oder vorenthalten, dann warnt Ihr Körper Sie.

Entziehen Sie Ihrer Seele geistliches Wasser und Ihre Seele wird Sie warnen. Ausgetrocknete Herzen senden verzweifelte Botschaften aus: Schlechte Laune. Sorgenberge. Fauchende Schuld- und Angstriesen. Oder denken Sie, Gott möchte, dass Sie mit den folgenden Launen leben? Hoffnungslosigkeit. Schlaflosigkeit. Reizbarkeit. Unsicherheit. Dies sind Symptome innerer Austrocknung.

Stillen Sie den Durst Ihrer Seele so, wie Sie Ihren körperlichen Durst stillen würden. Nehmen Sie einen großen Schluck Wasser für Ihr Herz.

Wo finden Sie Wasser für die Seele? Jesus gab darauf eine Antwort: „Wenn jemand Durst hat, soll er zu mir kommen und trinken! Wer an mich glaubt, aus dessen Innerem werden Ströme lebendigen Wassers fließen" (JOHANNES 7,37–38; NL).

„Hab keine Angst! Fass nur Vertrauen …"

LUKAS 8,50; GN

„Denn der Herr kommt wie eine Flut,
die von einem starken Wind getrieben wird und anschwillt,
sodass die Dämme zu bersten drohen."

JESAJA 59,19; NL

„Habt keine Angst vor ihnen! Vertraut dem Herrn,
denn er ist groß und mächtig. Kämpft für eure Brüder und Söhne,
für eure Töchter und Frauen und für eure Häuser!"

NEHEMIA 4,8; HFA

*L*iebe Eltern, wir dürfen treue Fürsprecher und hartnäckige Beter sein. Wir dürfen mit unseren elterlichen Ängsten zu Jesus kommen. Wenn wir es nicht tun, werden unsere Kinder unsere Ängste zu spüren bekommen. Die Angst macht nämlich manche Eltern zu paranoiden Gefängniswärtern, die ihre Kinder keinen Augenblick aus den Augen lassen und die Herkunft all ihrer Freunde überprüfen. Sie behindern die Entwicklung ihrer Kinder und verbreiten Misstrauen. Wenn ein Kind in seiner Familie keinen Freiraum mehr hat, erstickt es irgendwann.

Andererseits können Eltern durch Angst auch zu tolerant werden. Aus Angst, ihr Kind könnte sich zu sehr eingeengt fühlen, setzen sie keine Grenzen mehr. Es gibt eine Überdosis an Zärtlichkeit, aber viel zu wenig Disziplin. Ihnen ist nicht klar, dass ein angemessenes Maß an Disziplin ebenfalls ein Ausdruck von Liebe ist. Zu tolerante Eltern – paranoide Gefängniswärter. Wie können wir vermeiden, in diese Extreme zu verfallen? Durch Gebet.

Das Gebet ist wie eine Schale, in die man seine elterlichen Sorgen gießen kann, um sie auskühlen zu lassen. Jesus hat nur ganz wenig zum Thema „Erziehung" gesagt und sich nie zu Themen wie Ohrfeigen, Stillen, Geschwisterrivalität oder Schule geäußert. Aber sein Verhalten spricht Bände über das Thema „Gebet". Jedes Mal, wenn ein Vater oder eine Mutter betet, antwortet Jesus. Und was sagt er den Eltern? „Bringt eure Kinder zu mir. Lasst sie umgeben von Gebeten wie in einem Gewächshaus aufwachsen."

FÜRCHTE
DICH NICHT

...Gott ist niemals überrascht

Haben wir nicht alle Angst vor dem Unbekannten? Fürchten wir nicht alle den schrecklichen Tag, an dem der dünne Vorhang, der uns von schlimmen Dingen trennt, zurückgezogen wird und wir davon gepackt werden? Krebs. Mord. Vergewaltigung. Tod. Wie furchterregend ist das in uns nagende Bewusstsein, dass wir nicht immun sind gegen Unglück und Gefahr.

Aber Gott ist durch diese böse Welt nicht aus dem Gleichgewicht zu bringen. Das Maß unseres Glaubens oder die Menge unserer Fehler verschlagen ihm nicht die Sprache. Wir können Gott mit unseren Grausamkeiten nicht enttäuschen. Er weiß, wie diese Welt ist … und liebt sie trotzdem. Denn gerade, wenn wir einen Ort finden, an dem Gott eigentlich niemals zu finden wäre (z. B. an einem Kreuz), und ein zweites Mal hinsehen, dann stellen wir fest, dass er doch dort ist – als Mensch, als einer von uns.

„Denn Gott ist nicht ein Gott der Unordnung,
sondern ein Gott des Friedens,
wie auch in allen anderen Gemeinden."

1. Korinther 14,33; NL

„Wir freuen uns über ihn, denn auf ihn,
den heiligen Gott, ist Verlass."

Psalm 33,21; GN

„Gepriesen sei der Herr! Tag für Tag trägt er unsere Lasten.
Gott ist unsere Hilfe."

Psalm 68,20; HFA

„Alle eure Sorgen werft auf ihn, denn er sorgt für euch."

1. PETRUS; 5,7; GN

„Deshalb sage ich euch: Wenn ihr Gott um irgendetwas bittet, müsst ihr nur darauf vertrauen, dass er eure Bitte schon erfüllt hat, dann wird sie auch erfüllt."

MARKUS 11,24; GN

„Wenn ihr mit mir vereint bleibt und meine Worte in euch lebendig sind, könnt ihr den Vater um alles bitten, was ihr wollt, und ihr werdet es bekommen."

JOHANNES 15,7; GN

Gehen Sie nicht unruhig im Wartezimmer auf und ab; beten Sie für eine erfolgreiche Operation.

Jammern Sie nicht darüber, dass Ihre Geldanlage eingebrochen ist; bitten Sie Gott um Hilfe.

Stimmen Sie nicht in das allgemeine Klagen über Ihren Chef ein; fordern Sie die anderen auf, mit Ihnen zusammen für den Chef zu beten.

Impfen Sie sich so gegen die Sorgen. „Überlasst all eure Sorgen Gott, denn er sorgt sich um alles, was euch betrifft!"
(1. Petrus 5,7; NL).

*„Als ich das sah, fiel ich wie tot vor seinen Füßen nieder.
Aber er legte seine rechte Hand auf mich und sagte:
‚Fürchte dich nicht! Ich bin der Erste und der Letzte, und ich bin
der Lebendige. Ich war tot, doch nun lebe ich für immer und ewig,
und ich habe Macht über den Tod und das Totenreich.‘"*

OFFENBARUNG 1,17–18; HFA

*„Wir sehen, wie Jesus, der für kurze Zeit tiefer gestellt war
als die Engel, wegen seines Sterbens mit Ruhm und Ehre gekrönt
worden ist. Denn Gott hat in seiner Gnade gewollt,
dass er allen Menschen zugute den Tod erleidet."*

HEBRÄER 2,9; GN

„Tod, wo ist dein Sieg? Tod, wo bleibt nun deine Macht?"

1. KORINTHER 15,55; HFA

*E*in Mensch, den Sie geliebt haben, wird in die Ewigkeit gerufen und Sie bleiben alleine zurück. Alleine mit Ihren Ängsten und alleine mit Ihren Zweifeln.

Wenn Gott immer und überall Gott ist, dann muss er auch im Angesicht des Todes Gott sein. Die populärwissenschaftliche Psychologie kann etwas gegen Depressionen tun. Ermutigende Worte können gegen Pessimismus helfen. Wohlstand kann Hunger in den Griff bekommen. Aber nur Gott kann unser ultimatives Dilemma besiegen – den Tod. Und nur der Gott der Bibel hat es gewagt, am Rande des Abgrundes die folgende Antwort zu geben: „Ich bin die Auferstehung, und ich bin das Leben. Wer mir vertraut, der wird leben, selbst wenn er stirbt" (JOHANNES 11,25–26; HFA).

„Doch wenn ich Angst bekomme, setze ich mein Vertrauen auf dich.
Ich preise Gott für sein helfendes Wort. Ich vertraue ihm und
habe keine Angst: Was könnte ein Mensch mir schon tun?"

PSALM 56,4–5; GN

„Der Herr wird seinem Volk Kraft geben, er wird es mit Glück
und Frieden beschenken."

PSALM 29,11; GN

Stellen Sie sich vor, Sie könnten ein Leben führen, das frei ist von Angst.

Was wäre, wenn Sie auf Bedrohungen grundsätzlich mit Glauben statt mit Angst reagieren würden? Was wäre, wenn Sie einen Angst-Magneten besäßen, mit dem Sie auch den letzten Rest Furcht, Unsicherheit und Zweifel aus Ihrem Herzen ziehen könnten?

Stellen Sie sich einen Tag vor, nur einen einzigen Tag, ohne sich davor zu fürchten, zu versagen, abgelehnt zu werden, oder die Angst vor Unheil. Können Sie sich ein Leben ohne Angst vorstellen? Genau dieser Gedanke steht hinter Jesu Frage: „Warum habt ihr solche Angst, ihr Kleingläubigen?" (Matthäus 8,26; EÜ).

„Alle deine Bewohner werden meinen Willen kennen,
ich selbst habe sie gelehrt, und sie werden in Glück und
ungestörtem Frieden leben. Mein Beistand wird dein Schutz sein.
Du brauchst keine Not zu fürchten, Angst und Schrecken
dürfen sich dir nicht nahen."

JESAJA 54,13–14; GN

„Steh jede Nacht auf, flehe zu Gott um Hilfe,
und schütte ihm dein Herz aus! Heb deine Hände zu ihm empor,
und bitte für das Leben deiner Kinder."

KLAGELIEDER 2,19; HFA

„Doch Jesus sagte: ‚Lasst die Kinder zu mir kommen
und haltet sie nicht zurück, denn für Menschen
wie sie ist Gottes neue Welt bestimmt.'"

MATTHÄUS 19,14; HFA

*J*esus nimmt die Sorgen von Eltern ernst.

Schließlich sind unsere Kinder in erster Linie auch seine Kinder. „Kinder sind eine Gabe des Herrn, die Frucht des Leibes ist sein Geschenk" (Psalm 127,3; EÜ). Bevor wir sie bekamen, gehörten sie ihm. Und selbst nachdem wir sie bekommen haben, gehören sie immer noch ihm.

Das vergessen wir oft und betrachten unsere Kinder als „unsere" Kinder, als hätten wir das letzte Wort, was ihre Gesundheit und ihr Wohlergehen angeht. Aber das haben wir nicht. Alle Menschen gehören Gott, auch die kleinen Menschen an unserem Tisch. Wer seine Kinder regelmäßig an Gott abgibt, handelt daher klug.

„Der Mensch plant seinen Weg, aber der Herr lenkt seine Schritte."

Sprüche 16,9; HFA

*„Wie könnten wir den Weg, den wir gehen, begreifen?
Es ist der Herr, der unsere Schritte lenkt."*

Sprüche 20,24; NL

*„Ich, der Herr, werde euch immer und überall führen,
auch im dürren Land werde ich euch satt machen
und euch meine Kraft geben."*

Jesaja 58,11; GN

„Diesen Tag hat er zum Fest gemacht, lasst uns fröhlich sein und jubeln!" PSALM 118,24; HFA

„Diesen Tag" bezieht sich auf *jeden* Tag. Scheidungstage, Abschlussprüfungstage, Operationstage, Einkommensteuererklärungstage. Tage, an denen das älteste Kind eingeschult wird.

Gott hat diesen Tag gemacht, er hat diese schwere Stunde bestimmt, er hat diesen herzzerreißenden Moment genau geplant. Er hat keinen Urlaub. Er hält immer noch den Steuerknüppel in der Hand, sitzt im Cockpit und auf dem einzigen Thron im Universum. Jeder Tag entsteht in Gottes Planungsbüro. Einschließlich diesem.

„Habt keine Angst!
Wartet ab und
seht zu, wie der
Herr euch heute
retten wird.“

2. Mose 14,13; GN

Die Angst wird immer wieder an Ihre Türe klopfen. Laden Sie sie einfach nicht zum Essen ein, und bieten Sie ihr um Himmels willen keinen Schlafplatz an. Stärken Sie sich mit einer Reihe von Jesu „Fürchtet euch nicht“-Aussagen.

Die Angst mag zwar unsere Gesellschaft dominieren, nicht aber unser Herz.

Das Versprechen Jesu und die Grundannahme dieses Buches sind ganz einfach: Wir können morgen weniger Angst haben als heute.

*„Alle, die sich vom Geist Gottes regieren lassen, sind Kinder Gottes.
Denn der Geist Gottes, den ihr empfangen habt, führt euch nicht
in eine neue Sklaverei, in der ihr wieder Angst haben müsstet.
Er macht euch vielmehr zu Gottes Kindern. Jetzt können wir
zu Gott kommen und zu ihm sagen: ‚Vater, lieber Vater!'"*

RÖMER 8,14–15; HFA

*„Sei mutig und entschlossen! Wir wollen für unser Volk kämpfen
und für die Städte, die Gott uns gegeben hat.
Der Herr aber möge tun, was er für richtig hält."*

2. SAMUEL 10,12; HFA

„Er und alle anderen Fischer waren fassungslos über diesen Fang,
auch Jakobus und Johannes, die Söhne des Zebedäus,
die Simon bei der Arbeit geholfen hatten. Aber Jesus sagte zu Simon:
‚Fürchte dich nicht! Du wirst jetzt keine Fische mehr fangen,
sondern Menschen für mich gewinnen.‘“

LUKAS 5,9–10; HFA

„Denn ich bin der Herr, euer Gott; mein Name ist:
der Herr, der Herrscher der Welt. Ich wühle das Meer auf, dass seine
Wogen brausen. […] Ich halte meine schützende Hand über euch.“

JESAJA 51,15–16; GN

„Ich mache das Licht und ich mache die Dunkelheit;
Glück wie Unglück kommen von mir.
Ich, der Herr, bin es, der dies alles vollbringt.“

JESAJA 45,7; GN

Die finanzielle Unterstützung wird abgelehnt.

Ein Arzt stellt fest: „Sie sind schwanger."

Der Vorgesetzte entscheidet: „Sie werden versetzt."

Veränderungen rufen zunächst einmal Angst hervor, bevor sie Glauben bewirken. Wir befürchten immer das Schlimmste, bevor wir nach dem Besten Ausschau halten. Gott unterbricht unser Leben mit etwas nie da Gewesenem, und anstatt ihn zu loben, brechen wir gleich in Panik aus! Wenn wir ein Problem haben, dann schlussfolgern wir, dass Gott nicht da ist.

Wir vergessen aber, dass er versprochen hat: „Ich bilde das Licht und schaffe die Finsternis; ich wirke den Frieden, und auch das Unglück lasse ich kommen. Ich bin der Herr, dies alles vollbringe ich" (JESAJA 45,7; HFA).

„Ihr, die ihr zu seinem Volk gehört, setzt allezeit euer Vertrauen
auf ihn, schüttet euer Herz bei ihm aus;
denn Gott ist unsere Zuflucht!"

Psalm 62,9; GN

„Der Herr ist mein Fels, meine Burg und mein Retter;
mein Gott ist meine Zuflucht, bei dem ich Schutz suche.
Er ist mein Schild, die Stärke meines Heils und meine Festung.
Zu ihm kann ich fliehen, er rettet mich aus Gewalt."

2. Samuel 22,2–3; NL

„Wir rühmen uns sogar der Leiden, die wir für Christus
auf uns nehmen müssen. Denn wir wissen:
Durch Leiden lernen wir Geduld,
durch Geduld kommt es zur Bewährung,
durch Bewährung festigt sich die Hoffnung.
Unsere Hoffnung aber wird uns nicht enttäuschen.
Denn dass Gott uns liebt, ist uns unumstößlich gewiss.
Seine Liebe ist ja in unsere Herzen ausgegossen
durch den Heiligen Geist, den er uns geschenkt hat."

Römer 5,3–5; GN

Das Leben steckt voller Überraschungen, Veränderungen, Wechsel und Neuem. Neuer Job, neue Schule, neue Wohnung, neue Kollegen. Ständig ändert sich irgendetwas. Manche Veränderungen sind uns willkommen, andere nicht. Und wenn Sie mal denken, dass das Leben gerade in etwas ruhigeren Bahnen verläuft, dann passen Sie bloß auf! Ein 77-Jähriger hat einem Freund von mir neulich erzählt: „Ich hatte ein gutes Arbeitsleben. Und jetzt genieße ich das Leben und freue mich auf die Zukunft." Zwei Wochen später fegte ein Tornado durch die Gegend, und sein Sohn, seine Schwiegertochter, sein Enkel und die Mutter der Schwiegertochter kamen ums Leben. Wir wissen einfach nicht, was kommt. Auf der Liste unserer Ängste steht die Furcht vor dem, was kommen mag, ziemlich weit oben. Wir hätten es vielleicht gerne etwas ruhiger, aber so kommt es nicht.

Wer kann ganz ohne Überraschungen durchs Leben gehen? Wenn Sie keine Veränderungen wollen, dann sind Sie auf diesem Planeten leider falsch.

*„Wenn schlimme Tage kommen, nimmt der Herr mich bei sich auf,
er gibt mir Schutz unter seinem Dach."*

Psalm 27,5; GN

„Jesus Christus ist derselbe gestern und heute und in alle Ewigkeit!"

Hebräer 13,8; GN

*„Gott hat uns alles geschenkt, was wir brauchen,
um zu leben, wie es ihm gefällt."*

2. Petrus; 1,3; HFA

Gott begibt sich mitten hinein – ins Rote Meer, in große Fische, Löwengruben und Feueröfen, bankrotte Unternehmen und Gefängniszellen, judäische Wüsten, Hochzeiten und Beerdigungen und in galiläische Stürme. Sehen Sie hin und finden Sie heraus, was jeder von Mose bis hin zu Martha entdeckte.

Gott ist mitten in unseren Stürmen.

Das schließt Ihre mit ein.

„Ja, ich sage es noch einmal: Sei mutig und entschlossen!
Lass dich nicht einschüchtern, und hab keine Angst!
Denn ich, der Herr, dein Gott, bin bei dir, wohin du auch gehst. "
JOSUA 1,9; HFA

„Durchforsche mich, o Gott, und sieh mir ins Herz,
prüfe meine Gedanken und Gefühle! Sieh, ob ich in Gefahr bin,
dir untreu zu werden, dann hol mich zurück auf den Weg,
der zum ewigen Leben führt!"
PSALM 139,23–24; HFA

Verpassen Sie Ihren Sorgen eins. Behandeln Sie sie wie Schnaken. Sehen Sie ruhig zu, wenn so ein Blutsauger sich auf Ihnen niederlässt? Natürlich nicht! Sie schlagen sofort zu. Gehen Sie genauso entschlossen mit Ihren Ängsten um. Wenn eine Sorge auftaucht, dann setzen Sie sich sofort damit auseinander. Halten Sie nicht daran fest. Machen Sie kurzen Prozess, bevor die Sorgen Sie überwältigen.

Verschwenden Sie keine Zeit damit, sich Gedanken zu machen, was Ihr Chef wohl denkt; fragen Sie ihn.

Lassen Sie das Muttermal untersuchen, bevor Sie denken, es sei Krebs.

Statt zu befürchten, dass Sie Ihre Schulden niemals loswerden, sollten Sie sich Rat von einem Fachmann einholen.

Brüten Sie nicht lange, sondern handeln Sie.

*„Den Erschöpften gibt er neue Kraft und die Schwachen
macht er stark. Selbst junge Menschen ermüden und werden
kraftlos, starke Männer stolpern und brechen zusammen.
Aber alle, die ihre Hoffnung auf den Herrn setzen,
bekommen neue Kraft. Sie sind wie Adler,
denen mächtige Schwingen wachsen.
Sie gehen und werden nicht müde, sie laufen
und sind nicht erschöpft."*

JESAJA 40,29–31; HFA

*„Deshalb musste er uns, seinen Brüdern und Schwestern,
auch in allem gleich sein. Dadurch konnte er ein barmherziger
und zuverlässiger Hoherpriester für uns werden und sich selbst
als Sühneopfer für unsere Sünden Gott darbringen.
Denn weil er selbst gelitten hat und denselben Versuchungen
ausgesetzt war wie wir Menschen,
kann er uns in allen Versuchungen helfen."*

HEBRÄER 2,17–18; HFA

*„Dennoch musste auch Jesus, der Sohn Gottes,
durch sein Leiden Gehorsam lernen. Nachdem er zu Gottes Thron
zurückgekehrt ist, ist er für alle, die ihm gehorsam sind,
zum Retter und Erlöser geworden."*

HEBRÄER 5,8–9; HFA

*J*esus ging es nicht anders. Er hat „selbst gelitten" und ist dadurch auf „die Probe gestellt worden" (Hebräer 2,18; GN). Jesus war zornig genug, um den Tempel zu reinigen, hungrig genug, um rohes Getreide zu essen, verzweifelt genug, um in der Öffentlichkeit zu weinen, er liebte das Vergnügen so sehr, dass man ihn als Säufer bezeichnete, er hatte eine so gewinnende Art, dass er damit sogar Kinder anzog, er war müde genug, um mitten in einem Sturm im Boot zu schlafen, arm genug, um auf dem dreckigen Boden zu liegen und eine Münze zu borgen, um einen Punkt seiner Predigt zu illustrieren, radikal genug, um aus der Stadt geworfen zu werden. Er wurde so sehr versucht, dass er den Geruch des Satans kannte, und er hatte solche Angst, dass er Blut schwitzte.

Aber warum? Warum sollte dieser Sohn des Himmels die schlimmsten Schmerzen erdulden, die es auf der Erde gab? Damit alle wüssten, dass er den Menschen hilft, „die ebenfalls auf die Probe gestellt werden" (Hebräer 2,18).

Welcher Situation auch immer Sie sich gegenübersehen, er weiß, wie Sie sich fühlen.

> *„Ihr selbst braucht*
> *nicht zu kämpfen;*
> *bleibt ruhig stehen*
> *und schaut zu,*
> *wie ich, der Herr,*
> *für euch*
> *den Sieg erringe.*
> *Habt keine Angst,*
> *ihr Bewohner*
> *von Juda und*
> *Jerusalem,*
> *erschreckt nicht!*
> *Zieht ihnen morgen*
> *entgegen und*
> *der Herr wird*
> *bei euch sein.“*
>
> 2. Chronik 20,17; GN

Unsere Probleme stellten von jeher Möglichkeiten für ihn dar, Wunder zu vollbringen.

Als Josef in die Sklaverei verkauft wurde, führte das schließlich zur Rettung seiner gesamten Familie.

Daniels Verfolgung brachte ihm einen Sitz im Ministerrat.

Jesus kam durch eine ungewollte Schwangerschaft auf die Welt und rettete die Menschheit durch seine unverdiente Hinrichtung.

Glauben wir, was die Bibel sagt? Dass nämlich keine Tragödie letztendlich tödlich endet.

„‚Hab keine Angst!‘, ermutigte [der Engel] mich. ‚Du wolltest gern
erkennen, was Gott tun will, und hast dich vor ihm gedemütigt.
Schon an dem Tag, als du anfingst zu beten, hat er dich erhört.
Darum bin ich nun zu dir gekommen.‘“

DANIEL 10,12; HFA

„Als Elisas Diener früh am Morgen aufstand und vor das Haus trat,
da traute er seinen Augen kaum: Die Stadt war von einem Heer
mit Pferden und Streitwagen eingeschlossen! ‚Ach, mein Herr,
was sollen wir jetzt bloß tun?‘, rief er. Doch Elisa beruhigte ihn:
‚Du brauchst keine Angst zu haben! Denn auf unserer Seite
steht ein noch größeres Heer.‘“

2. KÖNIGE 6,15–16; HFA

„Herr, unser Gott, sei freundlich zu uns!
Lass unsere Arbeit nicht vergeblich sein!
Ja, Herr, lass gelingen, was wir tun!"

Psalm 90,17; GN

„Singen will ich für den Herrn, solange ich lebe,
für meinen Gott will ich musizieren mein Leben lang.
Wie freue ich mich über den Herrn –
möge ihm mein Lied gefallen!"

Psalm 104,33–34; Hfa

„Wie kann ich dem Herrn vergelten, was er für mich getan hat?
Ich will ihn vor der Gemeinde rühmen
und den Becher der Rettung erheben, um ihm zu danken."

Psalm 116,12–13; GN

*E*wigkeitsmomente. Sie kennen sie. Wir alle haben sie schon einmal erlebt.

An einem Sommerabend sitzen Sie gemeinsam mit Ihrem Enkel auf einer Schaukel.

Sie haken sich bei Ihrem Mann unter, während Sie durch goldfarbene Blätter streifen und die frische Herbstluft genießen.

Sie hören Ihrem 6-Jährigen zu, wie er Gott für alles dankt, angefangen beim Goldfisch bis hin zur Oma.

Solche Momente sind nötig, denn sie erinnern uns daran, dass alles in Ordnung ist. Der König sitzt immer noch auf seinem Thron und das Leben ist immer noch lebenswert. Ewigkeitsmomente erinnern uns daran, dass Liebe immer noch der kostbarste Besitz ist und dass wir die Zukunft nicht zu fürchten brauchen.

„Und wir wissen, dass für die, die Gott lieben
und nach seinem Willen zu ihm gehören, alles zum Guten führt."
RÖMER 8,28; NL

„Denn er, der Mächtige, ist heilig,
und er hat Großes für mich getan."
LUKAS 1,49; NL

„‚Denn ich weiß genau, welche Pläne ich für euch gefasst habe',
spricht der Herr. ‚Mein Plan ist, euch Heil zu geben und kein Leid.
Ich gebe euch Zukunft und Hoffnung. Wenn ihr dann zu mir rufen
werdet, will ich euch antworten; wenn ihr zu mir betet,
will ich euch erhören. Wenn ihr mich sucht, werdet ihr mich finden;
ja, wenn ihr ernsthaft, mit ganzem Herzen nach mir verlangt,
werde ich mich von euch finden lassen.'"
JEREMIA 29,11–14; NL

Ein Bekannter von mir fürchtete sich einmal vor dem Steuerbescheid des Finanzamts. Nach seinen ursprünglichen Berechnungen schuldete er dem Fiskus Geld – Geld, das er nicht besaß. Man hatte ihm mitgeteilt, dass er noch Post mit der genauen Aufstellung seiner Steuerschulden bekommen würde. Als er den Brief erhielt, verließ ihn der Mut. Er konnte sich nicht überwinden, den Brief zu öffnen. Und so lag der ungeöffnete Umschlag fünf Tage lang auf seinem Schreibtisch, während er sich vor Angst verzehrte. Wie viel war es wohl? Woher sollte er das Geld nur nehmen? Wie lange würden sie ihn ins Gefängnis stecken? Schließlich nahm er allen Mut zusammen und öffnete den Umschlag. Aber statt einer Rechnung befand sich darin ein Scheck! Es stellte sich heraus, dass das Finanzamt ihm noch Geld zurückzahlen musste! Er hatte fünf Tage vollkommen unnötig in Angst und Schrecken gelebt.

Es gibt nur ganz wenige Ungeheuer, die die Angst wert sind, die wir vor ihnen haben. Als Nachfolger Jesu haben wir einen gewaltigen Vorteil: Wir wissen, dass letzten Endes alles gut ausgehen wird. Jesus sitzt immer noch auf dem Thron, und die Verheißung von Römer 8, Vers 28 steht immer noch in der Bibel.

„Wenn ihr von Kriegen und Unruhen hört,
achtet darauf, aber erschreckt nicht!"

Matthäus 24,6; HfA

„Denn Gott hat uns nicht einen Geist der Feigheit gegeben,
sondern den Geist der Kraft und der Liebe und der Besonnenheit."

2. Timotheus 1,7; GN

„Abends legst du dich ohne Angst zu Bett
und schläfst die ganze Nacht hindurch fest und ruhig."

Sprüche 3,24; GN

*E*ine Portion Angst kann ein Kind davon abhalten, auf eine vielbefahrene Straße zu laufen, oder einen Erwachsenen davor zu rauchen. Angst ist eine angemessene Reaktion auf ein brennendes Gebäude oder einen knurrenden Hund. Angst alleine ist noch keine Sünde. Aber sie kann zur Sünde führen.

Wenn wir unsere Angst mit Wutausbrüchen, Saufgelagen, schmollendem Rückzug, Hungerkuren oder eiserner Kontrolle über andere kurieren wollen, dann lassen wir Gott bei der Problemlösung außen vor und machen alles nur noch schlimmer. Wir unterstellen uns der Angst und lassen unser Leben von ihr bestimmen. Sorgen rauben uns die Freude und Furcht macht uns wie benommen. Anfälle von Unsicherheit lähmen uns. Hysterie kommt nie von Gott.

FÜRCHTE
DICH NICHT

...Gott versorgt und leitet uns

Gott ist der Geber schlechthin. Er ist der Versorger, die Quelle jedes Segens. Er ist absolut großzügig und zuverlässig.

Die immer wiederkehrende Botschaft der Bibel lautet: Gott gehört alles. Gott teilt alles mit uns.

Vertrauen Sie ihm, nicht materiellen Dingen!

Lassen Sie die Angst vor Mangel hinter sich, und erleben Sie das tröstliche Gefühl, versorgt zu werden. Horten Sie weniger und teilen Sie mehr. Wir sollten „Gutes tun, freigebig sein und [unseren] Reichtum gerne mit anderen teilen" (1. Timotheus 6,18; GN).

Vor allem sollten Sie die Angst vor dem bevorstehenden Winter durch den Glauben an den lebendigen Gott vertreiben.

„Deshalb sorgt euch nicht um morgen,
denn jeder Tag bringt seine eigenen Belastungen.
Die Sorgen von heute sind für heute genug."
MATTHÄUS 6,34; NL

„Ermahne die, die im Sinne dieser Welt reich sind,
nicht überheblich zu werden. Sie sollen ihr Vertrauen
nicht auf etwas so Unsicheres wie den Reichtum setzen;
vielmehr sollen sie auf Gott vertrauen, der uns alles reichlich gibt,
was wir zum Leben brauchen."
I. TIMOTHEUS 6,17; GN

„Du, Herr, besitzt Größe, Kraft, Ruhm, Glanz und Majestät.
Alles, was im Himmel und auf der Erde lebt, ist dein.
Du bist König, der höchste Herrscher über alles."
I. CHRONIK 29,11; HFA

„Als ich den Herrn um Hilfe bat, antwortete er mir
und befreite mich von meinen Ängsten."

PSALM 34,5; HFA

„Glücklich ist, wer sein Vertrauen auf den Herrn setzt."

PSALM 40,5; HFA

„Denn ich bin der Herr, dein Gott, ich fasse dich bei der Hand
und sage zu dir: Fürchte dich nicht! Ich selbst, ich helfe dir!"

JESAJA 41,13; GN

Sie möchte nicht Ihr Geld. Sie ist nicht an Ihrem Schmuck interessiert. Sie will sich nicht Ihr Auto unter den Nagel reißen. Sie ist auf etwas weitaus Wertvolleres aus. Sie möchte Ihnen Ihren inneren Frieden, Ihre Freude rauben.

Ihr Name?

Angst.

Ihr Ziel ist es, Ihnen den Mut zu stehlen und dafür zu sorgen, dass Sie eingeschüchtert und zitternd am Boden liegen. Ihre Strategie besteht darin, Sie durch Rätselhaftes zu manipulieren und Sie durch Unbekanntes zu sticheln. Todesangst, Versagensangst, Angst vor Gott, Angst vor morgen – das Waffenarsenal ist riesig. Ihr Ziel? Feige, freudlose Seelen zu schaffen.

„Wer aber dem Herrn treu bleibt, wird sich über ihn freuen
und bei ihm sicher sein. Ja, jeder, der von Herzen aufrichtig ist,
darf sich glücklich schätzen!"

Psalm 64,11; HfA

„Doch ich segne jeden, der mir ganz und gar vertraut.
Er ist wie ein Baum, der nah am Bach steht und seine Wurzeln
zum Wasser streckt: Die Hitze fürchtet er nicht,
denn seine Blätter bleiben grün. Auch wenn ein trockenes Jahr
kommt, sorgt er sich nicht, sondern trägt Jahr für Jahr Frucht."

Jeremia 17,7–8; HfA

„Er hat mir neue Kraft geschenkt und mich beschützt.
Ich habe ihm vertraut, und er hat mir geholfen.
Jetzt kann ich wieder jubeln!
Mit meinem Lied will ich ihm danken."

Psalm 28,7; HfA

Da draußen herrscht Panik, und wir sollten aufpassen, dass wir nicht davon angesteckt werden. Lassen Sie uns ruhig bleiben. Wir sollten Gefahren erkennen, uns aber nicht davon überwältigen lassen. Wir sollten Bedrohungen erkennen, uns aber nicht davon bestimmen lassen. Sollen die anderen ruhig die von Angst verpestete Luft einatmen – wir machen nicht mit. Wir sollten zu denen gehören, die auf eine andere Stimme hören – Gottes Stimme.

Es reicht mit diesen Verzweiflungsschreien und dem Weltuntergangsgeheul. Warum sollten wir auf die Schwarzseher an der Wall Street oder die Miesmacher in der Zeitung hören? Wir werden unsere Ohren auf etwas anderes ausrichten: nach oben. Wir werden uns an unseren Schöpfer wenden, und weil wir das tun, brauchen wir keine Angst zu haben.

*„Denn der Herr ist gut zu dem, der ihm vertraut
und ihn von ganzem Herzen sucht. Darum ist es das Beste,
geduldig zu sein und auf die Hilfe des Herrn zu warten."*

Klagelieder 3,25–26; Hfa

*„Ich will dich lehren und dir sagen, wie du leben sollst;
ich berate dich, nie verliere ich dich aus den Augen."*

Psalm 32,8; Hfa

*„Aus meinen Worten spricht Erfahrung und tiefe Einsicht
aus meinen Gedanken."*

Psalm 49,4; GN

„Lasst uns deshalb zuversichtlich vor den Thron unseres gnädigen Gottes treten. Dort werden wir Barmherzigkeit empfangen und Gnade finden, die uns helfen wird, wenn wir sie brauchen. "*

HEBRÄER 4,16; HFA (HERVORHEBUNG DES AUTORS)

Ihnen fehlt die Weisheit, um die Probleme von morgen zu lösen. Aber morgen werden Sie die nötige Weisheit haben.

Ihnen fehlen die Mittel, um Ihre Bedürfnisse von morgen zu stillen. Aber morgen werden Sie die nötigen Mittel haben.

Ihnen fehlt der Mut für die Herausforderungen von morgen. Aber Sie werden den nötigen Mut haben, wenn der morgige Tag beginnt.

Gott stillt tägliche Bedürfnisse täglich und auf wundersame Weise.

„Habt keine Angst, ihr Leute von Israel, lasst euch nicht verwirren!
Habe ich nicht im Voraus angekündigt, was jetzt geschieht?
Ihr habt es gehört, ihr seid meine Zeugen.
Gibt es einen Gott außer mir? Gibt es außer mir einen,
auf den man sich felsenfest verlassen kann? Ich kenne keinen.“

JESAJA 44,8; GN

„Erschreckt nicht, wenn nah und fern Kriege ausbrechen!
Es muss so kommen, aber das ist noch nicht das Ende.“

MATTHÄUS 24,6; GN

Das Leben ist ein gefährliches Unterfangen. Wir leben unsere Tage im Schatten bedrohlicher Realitäten. Es scheint, als liege die Macht zur Vernichtung der Menschheit in den Händen von Personen, die nur allzu bereit sind, genau das zu tun. Wenn das Klima auf der Erde sich noch weiter erwärmt ... wenn geheime Unterlagen in die falschen Hände geraten ... wenn der Falsche auf den falschen roten Knopf drückt ... Was ist, wenn alles nur noch schlimmer wird?

Jesus hat bereits angekündigt, dass es noch schlimmer werden wird. Er hat den geistlichen Ausverkauf, das wirtschaftliche Chaos und weltweite Christenverfolgung angekündigt. Aber bei alldem hält er daran fest, dass es immer noch möglich ist, sich mutig zu verhalten.

„All euer Tun – euer Reden wie euer Handeln – soll zeigen,
dass Jesus euer Herr ist. Weil ihr mit ihm verbunden seid,
könnt ihr Gott, dem Vater, für alles danken."

KOLOSSER 3,17; HFA

„Und den Rest eures Lebens werdet ihr nicht mehr
mit euren selbstsüchtigen Leidenschaften vergeuden,
sondern darauf bedacht sein, den Willen Gottes zu tun."

1. PETRUS 4,2; NL

„Unserem ganzen Leben haftet der Wohlgeruch von Christus an;
und damit loben wir Gott. Aber dieser Geruch wird von denen,
die gerettet werden, anders wahrgenommen
als von denen, die verloren gehen."

2. KORINTHER 2,15; NL

„Von uns allen wurde der Schleier weggenommen, sodass wir die Herrlichkeit des Herrn wie in einem Spiegel sehen können. Und der Geist des Herrn wirkt in uns, sodass wir ihm immer ähnlicher werden und immer stärker seine Herrlichkeit widerspiegeln."

2. KORINTHER 3,18; NL

Können Sie sich ein größeres Geschenk vorstellen als das, wie Jesus zu sein?

Christus fühlte keine Schuld; Gott möchte Ihre auslöschen.

Jesus hatte keine schlechten Angewohnheiten; Gott möchte Ihre wegnehmen.

Jesus fürchtete sich nicht vor dem Tod; Gott möchte, dass auch Sie keine Angst haben.

Jesus begegnete Kranken mit Freundlichkeit, schwierigen Menschen mit Barmherzigkeit und Herausforderungen mit Mut. Gott möchte, dass Sie genauso handeln. Er möchte, dass Sie genauso sind wie Jesus.

„Der Vater wird euch in meinem Namen den Helfer senden,
der an meine Stelle tritt, den Heiligen Geist.
Der wird euch alles Weitere lehren und euch an alles erinnern,
was ich selbst schon gesagt habe."

Johannes 14,26; GN

„Hab keine Angst, […] denn ich habe dich erlöst!
Ich habe dich bei deinem Namen gerufen, du gehörst zu mir!"

Jesaja 43,1; HFA

„Denn der Geist Gottes, den ihr empfangen habt, führt euch
nicht in eine neue Sklaverei, in der ihr wieder Angst haben müsstet.
Er macht euch vielmehr zu Gottes Kindern. Jetzt können wir
zu Gott kommen und zu ihm sagen: ‚Vater, lieber Vater!'"

Römer 8,14–15; HFA

*S*ie werden bei allem, was kommt, niemals ohne Gottes Hilfe sein. Denn Sie haben einen Reisegefährten.

Wenn Sie Ihr Vertrauen auf Jesus setzen, wird er seinen Geist vor, hinter und in Sie hineinlegen. Es ist kein fremder Geist, sondern derselbe Geist: der *parakletos*. Wenn Jesus Sie in eine neue Jahreszeit Ihres Lebens schickt, schickt er den Ratgeber und Tröster mit.

Gott lässt Sie nie alleine gehen. Stehen Ihnen größere Veränderungen bevor? Sind Sie dabei, ein neues Kapitel aufzuschlagen? Erkennen Sie am Baum Ihres Lebens Anzeichen dafür, dass eine neue Jahreszeit anbricht? Gottes Botschaft an Sie ist klar: Auch wenn sich alles andere verändert, Gottes Gegenwart bleibt ewig. Sie sind in Begleitung des Heiligen Geistes unterwegs.

*„Wenn ihr dann in meinem Namen, unter Berufung auf mich,
um irgendetwas bittet, werde ich es tun. So wird durch den Sohn
die Herrlichkeit des Vaters offenbar werden."*

Johannes 14,13; GN

*„Wenn euer Vertrauen auch nur so groß ist wie ein Senfkorn, […]
dann wird euch nichts mehr unmöglich sein."*

Matthäus 17,20; GN

*„Den Armen holt er aus der Not, den Hilflosen heraus
aus seinem Elend."*

Psalm 113,7; GN

„Wenn Gott für uns ist, wer kann dann gegen uns sein?"
(RÖMER 8,31; HFA). Die Frage lautet nicht einfach: „Wer kann gegen uns sein?" Darauf hätten Sie leicht eine Antwort. Wer ist gegen Sie? Krankheit, Inflation, Korruption, Erschöpfung. Wir erleben Unglück und Ängste halten uns gefangen. Es wäre viel einfacher, unsere Gegner aufzuzählen, als diese zu bekämpfen. Aber das ist nicht die Frage. Die Frage lautet: *Wenn Gott für uns ist,* wer kann dann gegen uns sein?

Gott ist für Sie. Ihre Eltern haben vielleicht die Beziehung zu Ihnen abgebrochen, Ihre Lehrer haben Sie vielleicht links liegen gelassen, Ihre Geschwister schämen sich vielleicht für Sie. Aber der Schöpfer der Meere ist immer nur ein Gebet weit entfernt: Gott!

„Als ich rief, kamst du zu mir und sprachst: ‚Fürchte dich nicht!‘"
KLAGELIEDER 3,57; HFA

„Bleibt wach und betet, damit ihr in der kommenden Prüfung
nicht versagt. Der Geist in euch ist willig,
aber eure menschliche Natur ist schwach."
MARKUS 14,38; GN

„Kommt alle her zu mir, die ihr euch abmüht
und unter eurer Last leidet! Ich werde euch Ruhe geben."
MATTHÄUS 11,28; HFA

Dort unter den Olivenbäumen „warf [Jesus] sich auf die Erde. Er betete zu Gott, dass er ihm, wenn es möglich wäre, diese schwere Stunde erspare. ‚Abba, Vater', sagte er, ‚alles ist dir möglich! Erspare es mir, diesen Kelch trinken zu müssen! Aber es soll geschehen, was du willst, nicht, was ich will'" (MARKUS 14,35–36; GN).

Dieser Kelch war für Jesus das schlimmste Ereignis, das er sich vorstellen konnte: die Zielscheibe für Gottes Zorn zu sein. Noch nie hatte er das Gericht Gottes erfahren und er hatte es auch gar nicht verdient. Niemals war er von seinem Vater getrennt gewesen. Die beiden waren schon seit Ewigkeiten eins gewesen. Er hatte noch keine Bekanntschaft mit dem Tod gemacht; er war unsterblich. Und dennoch würde er in nur wenigen Stunden all diese Dinge am eigenen Leib erfahren. Dann würde Gott seinen ganzen Hass auf die Sünde an seinem mit der Sünde aller Menschen beladenen Sohn auslassen. Und davor hatte Jesus Angst. Todesangst. Und was er angesichts seiner Angst tat, lehrt uns, was wir mit unserer Furcht tun sollten.

Er betete. Jesus begegnete seiner größten Angst mit aufrichtigem Gebet.

„An diesem Sonntagabend hatten sich alle Jünger versammelt.
Aus Angst vor den Juden ließen sie die Türen fest verschlossen.
Plötzlich war Jesus bei ihnen. Er trat in ihre Mitte und grüßte sie:
,Friede sei mit euch!'"

JOHANNES 20,19; HFA

„Als sie gebetet hatten, bebte das Haus,
in dem sie zusammengekommen waren.
Sie wurden alle mit dem Heiligen Geist erfüllt
und verkündeten furchtlos die Botschaft Gottes."

APOSTELGESCHICHTE 4,31; HFA

„Trotzdem blieben Paulus und Barnabas längere Zeit dort
und predigten furchtlos in aller Öffentlichkeit,
denn sie vertrauten auf die Hilfe des Herrn.
Er bestätigte die Botschaft von seiner Liebe durch Zeichen
und Wunder, die durch Paulus und Barnabas geschahen."

APOSTELGESCHICHTE 14,3; HFA

*A*propos Christen, erinnern Sie sich an die Furcht seiner Nachfolger bei der Kreuzigung? Sie rannten weg. Verängstigt wie Katzen im Hundezwinger.

Doch spulen wir schnell 40 Tage vorwärts. Aus bankrotten Verrätern ist eine Kraft von lebensverändernder Energie geworden. Petrus predigt in genau demselben Viertel, in dem Christus verhaftet wurde. Die Nachfolger Christi trotzen den Feinden Christi. Wenn man sie auspeitscht, beten sie. Wenn man sie einsperrt, beginnen sie eine Missionsarbeit im Gefängnis. Sie sind nach der Auferstehung so mutig, wie sie vorher feige gewesen sind.

Mögliche Erklärungen:

Geldgier? Sie strichen kein Geld ein.

Macht? Sie schrieben alles Christus zu.

Popularität? Die meisten von ihnen wurden wegen ihres Glaubens umgebracht.

Nur eine Erklärung bleibt übrig – ein auferstandener Christus und sein Heiliger Geist.

„Ich bin es, der euch tröstet, ich allein.
Und da fürchtet ihr euch noch vor der Macht eines Menschen?"
JESAJA 51,12; HFA

„Der Herr ist mein Licht, er rettet mich.
Vor wem sollte ich mich noch fürchten?
Bei ihm bin ich geborgen wie in einer Burg.
Vor wem sollte ich noch zittern und zagen?"
PSALM 27,1; HFA

„Seht euch die Vögel an! Sie säen nichts, sie ernten nichts
und sammeln auch keine Vorräte.
Euer Vater im Himmel versorgt sie.
Meint ihr nicht, dass ihr ihm viel wichtiger seid?
Und wenn ihr euch noch so viel sorgt, könnt ihr doch euer Leben
um keinen Augenblick verlängern."
MATTHÄUS 6,26–27; HFA

Defizite und Erschöpfung markieren unseren Lebensweg. Zu wenig Zeit, Glück, Weisheit, Intelligenz. Es scheint, als mangele es uns an allem, und deshalb machen wir uns Sorgen. Aber die Sache mit dem Sorgen-Machen funktioniert nicht.

Durch Sorgen wird kein Vogel satt und keine Blume bunt.

Die Vögel und Blumen scheinen gut zurechtzukommen, und das ganz ohne Magentabletten.

Und was noch schlimmer ist: Man kann sich jahrzehntelang Gedanken über sein kurzes Leben machen, und es wird dadurch doch keine Minute länger. Durch Sorgen erreicht man gar nichts.

„Ich bin dieses Brot, das von Gott gekommen ist
und euch das Leben gibt. Jeder, der dieses Brot isst, wird ewig leben.
Dieses Brot ist mein Leib, den ich hingeben werde,
damit die Welt leben kann."

JOHANNES 6,51; HFA

„Ich bin der gute Hirte.
Ein guter Hirte setzt sein Leben für die Schafe ein."

JOHANNES 10,11; HFA

„Jesus antwortete: ‚Ich bin der Weg, ich bin die Wahrheit,
und ich bin das Leben!
Ohne mich kann niemand zum Vater kommen.'"

JOHANNES 14,6; HFA

Neun Stunden verbrachten die Jünger alleine im tosenden Sturm! Lange genug, um sich zu fragen: „Wo ist Jesus? Er weiß, dass wir im Boot sitzen. Es war doch seine eigene Idee. Ist Gott überhaupt in der Nähe?"

Und mitten aus dem Sturm erklingt die unverwechselbare Stimme: „Ich bin" (FREI NACH MATTHÄUS 14,27).

Mitten aus dem Sturm ruft ihnen der unwandelbare Jesus zu: „Ich bin." Er steht aufrecht in den Trümmern des *World Trade Centers*. Felsenfest in den Wellen, die der See Genezareth schlägt. Intensivstation, Schlachtfeld, Vorstandsetage, Gefängniszelle, Entbindungsstation – wo immer Ihr Sturm wütet: „Ich bin."

Jesus schreitet über die Wellen hinweg und verkündet das, was auf jedem weisen Herzen eingraviert ist: „Nur Mut! Ich bin! Habt keine Angst!"

„*Wirf deine Last ab, übergib sie dem Herrn; er selber wird sich um dich kümmern! Niemals lässt er die im Stich, die ihm die Treue halten.* "

Psalm 55,23; GN

Ich frage mich, wie viele unserer Lasten Jesus trägt, ohne dass wir es auch nur ahnen. Von manchen wissen wir. Er trägt unsere Sünde. Er trägt unsere Schande. Er trägt unsere ewige Schuld. Aber gibt es darüber hinaus noch andere Lasten? Hat er Ängste von uns genommen, bevor wir sie überhaupt wahrgenommen haben? Hat er unsere Verwirrung getragen, damit wir nicht selbst mit ihr fertig zu werden brauchten? Die Gelegenheiten, bei denen wir selbst überrascht waren, welch tiefen inneren Frieden wir empfanden? Könnte es vielleicht sein, dass Jesus unsere eigene Ängstlichkeit auf seine Schultern genommen und dafür ein Joch der Freundlichkeit auf unsere gelegt hat?

Und wie oft danken wir ihm für seine Freundlichkeit? Nicht oft genug jedenfalls. Aber hindert ihn unsere Undankbarkeit daran, weiter freundlich zu uns zu sein? Nein, „denn er erweist auch den Undankbaren und den Bösen Gutes" (Lukas 6,35; NL).

*„Die Lämmer nimmt er auf den Arm und hüllt sie schützend
in seinen Umhang.“*

JESAJA 40,11; HFA

*„Denn der Herr hat ein offenes Auge für die, die das Rechte tun,
und ein offenes Ohr für ihre Bitten.“*

1. PETRUS; 3,12; GN

„Gott ist unsere Zuflucht und Stärke,
ein bewährter Helfer in Zeiten der Not.
Darum fürchten wir uns nicht, selbst wenn die Erde erbebt,
wenn die Berge wanken und in den Tiefen des Meeres versinken.“

PSALM 46,2–3; HFA

„Die Gnade des Herrn nimmt kein Ende!
Sein Erbarmen hört nie auf, jeden Morgen ist es neu.
Groß ist seine Treue.“

KLAGELIEDER 3,22–23; NL

„Vertraue auf den Herrn! Sei stark und mutig,
vertraue auf den Herrn!“

PSALM 27,14; HFA

Wenn er uns auffordert, mutig zu sein, meint er damit nicht, dass wir naiv oder ahnungslos sein sollen. Wir sollen unsere Augen nicht vor den überwältigenden Herausforderungen verschließen, vor die das Leben uns stellt, sondern wir sollen ihnen begegnen, indem wir uns Gottes „Leistungen" genau anschauen: „Darum müssen wir umso aufmerksamer auf das achten, was wir gehört haben, damit wir nicht vom Weg abkommen" (HEBRÄER 2,1; EÜ). Tun Sie alles, damit Sie den Blick nicht von Jesus abwenden.

Als eine gute Bekannte mehrere Tage am Krankenhausbett ihres Mannes verbrachte, munterte sie sich selbst mit Liedern auf. Alle paar Minuten ging sie ins Badezimmer und sang einige Verse von „Bleibend ist deine Treu". Folgen Sie ihrem Beispiel! Lernen Sie Bibelverse auswendig. Lesen Sie die Biografien beeindruckender Persönlichkeiten. Denken Sie über die Erfahrungen anderer Christen nach. Entscheiden Sie sich bewusst dafür, Ihre Hoffnung auf Jesus zu setzen. Es ist immer möglich, mutig zu sein.

„Deshalb kann ich nicht aufhören, dich zu loben,
den ganzen Tag erzähle ich von deiner Herrlichkeit."

PSALM 71,8; NL

„Wie glücklich sind alle, die du, Herr, erziehst,
denen du Wissen gibst durch dein Gesetz!"

PSALM 94,12; GN

„Christus hat für euch gelitten und euch ein Beispiel gegeben,
damit ihr seinen Spuren folgt.
Ihr wisst: ,Er hat kein Unrecht getan; nie ist ein unwahres Wort
aus seinem Mund gekommen.' Wenn er beleidigt wurde,
gab er es nicht zurück. Wenn er leiden musste,
drohte er nicht mit Vergeltung, sondern überließ es Gott,
ihm zum Recht zu verhelfen."

1. PETRUS 2,21–23; GN

Millionen von Menschen, die damit zu kämpfen haben, dass sie kein Geld mehr in der Tasche haben, oder die Angst vor einer plötzlichen Veränderung haben, wenden sich an Jesus. Warum?

Weil er da war.

Er war in Nazareth, wo er Aufträge erledigt und Rechnungen bezahlt hat, in Galiläa, wo er seine Nachfolger rekrutierte und Kampfhähne auseinanderbrachte, und er war in Jerusalem, wo er die Kritik seiner Gegner niederzwang und sich Zynikern stellte.

Auch wir haben unser eigenes Nazareth mit Forderungen und Zahlungsverpflichtungen. Jesus war nicht der Letzte, der ein Team zusammenzustellen hat. Und die Verräter verschwanden auch nicht gemeinsam mit dem Tempel von Jerusalem. Warum Sie in den Herausforderungen Ihres Lebens die Hilfe von Jesus suchen sollten? Weil er da war.

„Von Gott kommt alles, durch Gott lebt alles, zu Gott geht alles.
Ihm gehört die Herrlichkeit für immer und ewig! Amen."

<small>RÖMER 11,36; GN</small>

„Ich bitte ihn, dass ihr zusammen mit der ganzen Gemeinschaft
der Glaubenden begreifen lernt, wie unermesslich reich euch Gott
beschenkt. Ihr sollt die Liebe erkennen, die Christus zu uns hat
und die alle Erkenntnis übersteigt.
So werdet ihr immer umfassender Anteil bekommen
an der ganzen Fülle des Lebens mit Gott."

<small>EPHESER 3,18–19; GN</small>

„Ich will allen Menschen erzählen, wie treu du bist,
und den ganzen Tag davon berichten, wie du mir geholfen hast,
denn staunend sehe ich, wie viel du für mich getan hast."

<small>PSALM 71,15; NL</small>

Jesus hat zwei Brotvermehrungswunder vollbracht: Das eine Mal gab er fünftausend Menschen zu essen, das andere Mal viertausend. Doch obwohl sie die erste Speisung schon miterlebt hatten, machten sich seine Jünger auch noch beim zweiten Mal Sorgen darum, dass das Essen ausgehen könnte. Ein frustrierter Jesus fragte sie vorwurfsvoll: „Versteht ihr noch nicht, und begreift ihr noch nicht? Habt ihr noch ein verhärtetes Herz in euch? […] Habt Augen und seht nicht, und habt Ohren und hört nicht, und denkt nicht daran: Als ich die fünf Brote brach für die fünftausend?" (Markus 8,17–18; LÜ).

Ein schlechtes Gedächtnis verhärtet das Herz. Achten Sie genau auf Gottes Segnungen. Sagen Sie mit David: „Ich aber will immer harren und mehren all deinen Ruhm. Mein Mund soll verkündigen deine Gerechtigkeit, täglich deine Wohltaten, die ich nicht zählen kann" (Psalm 71,14–15; LÜ).

Schreiben Sie die Wohltaten Gottes auf, die Sie erleben. Denken Sie darüber nach. Er hat Sie ernährt und geführt und er verdient Ihr Vertrauen. Erinnern Sie sich an das, was Gott für Sie getan hat.

„Der Herr ist mein Hirte, mir wird nichts mangeln.
Er weidet mich auf einer grünen Aue
und führet mich zum frischen Wasser."

PSALM 23,1–2; LÜ

„Herr, du gibst Frieden dem, der sich fest an dich hält
und dir allein vertraut!"

JESAJA 26,3; HFA

„Lasst euch von mir in den Dienst nehmen, und lernt von mir!
Ich meine es gut mit euch und sehe auf niemanden herab.
Bei mir findet ihr Ruhe für euer Leben."

MATTHÄUS 11,29; HFA

Sie müssen sich Ruhe gönnen, damit Sie gesund bleiben. Treten Sie kürzer und Gott wird Sie gesunden lassen. Er wird Ihren Sinnen, Ihrem Körper und vor allem Ihrer Seele Frieden schaffen. Er wird Sie auf grünen Auen lagern lassen (PSALM 23,2).

Grüne Auen waren in Judäa nicht eben reich gesät. Die Hügel um Bethlehem, wo David seine Herden weidete, waren nicht saftig grün. Sie sind bis heute weiß und karg. Wann immer man in Judäa eine grüne Aue findet, dann ist sie stets das Werk eines Hirten. Er verbrannte Buschwerk und befreite den Boden von Baumstümpfen und Gestein. Er sorgte für Bewässerung und kultivierte so eine Weide. Darin bestand unter anderem die Arbeit eines Hirten.

Mit seinen durchbohrten Händen schuf Jesus einen Weidegrund für unsere Seele. Er rodete das Dornengestrüpp der Verdammnis, er hob die mächtigen Felsbrocken der Sünde aus, säte das Gras des Erbarmens und legte Teiche der Gnade an.

Nun lädt er uns ein, uns hier zu lagern.

„Hab also keine Angst, kleine Herde.
Denn es macht eurem Vater große Freude,
euch das Reich Gottes zu schenken."

LUKAS 12,32; NL

„Israel, so spricht der Herr, dein Befreier, der dich geschaffen hat
wie ein Kind im Mutterleib: ‚Ich bin der Herr, der alles bewirkt:
Ich allein habe den Himmel ausgespannt wie ein Zelt,
und als ich die Erde ausbreitete, half mir niemand dabei.'"

JESAJA 44,24; HFA

„Dem Herrn, eurem Gott, gehört der weite Himmel,
die Erde und alles, was dort lebt."

5. MOSE 10,14; HFA

Wenn unsere Häuser zwangsversteigert werden und unsere Renten sich in Luft auflösen, brauchen wir einen Hirten, der uns schützt und versorgt. In Christus haben wir einen. Und er „ist entschlossen, euch seine neue Welt zu schenken" (LUKAS 12,32; GN)! Freigiebigkeit ist charakteristisch für Gottes Schöpfung. Von der ersten Seite der Bibel an zeigt er sich als menschenliebender Schöpfer. Er erschafft alles in großer Zahl: Sterne, Pflanzen, Vögel und Tiere. Alle seine Geschenke bringt er in Massen, stapelweise und bunt gemischt.

Nicht Dagobert Duck hat die Welt erschaffen, sondern Gott.

Der Verfasser von Psalm 104 bejubelt diese überschwängliche Schöpfung mit dreiundzwanzig Versen, in denen alle Details der Schöpfung gelobt werden: der Himmel und die Erde, das Meer und die Flüsse, Bäume, Vögel und Ziegen, Wein und Öl, Brot und Menschen und Löwen. Gott ist die Quelle für das „weite, unermessliche Meer, darin wimmelt es von Lebewesen, von großen und kleinen Tieren. […] Alle deine Geschöpfe warten darauf, dass du ihnen Nahrung gibst zur rechten Zeit" (VERSE 25.27).

Und das tut er auch.

„Dabei wollen wir nicht nach links oder rechts schauen,
sondern allein auf Jesus. Er hat uns den Glauben geschenkt
und wird ihn bewahren, bis wir am Ziel sind.
Weil große Freude auf ihn wartete, erduldete Jesus
den verachteten Tod am Kreuz. Jetzt hat er als Sieger den Platz
an der rechten Seite Gottes eingenommen.“

HEBRÄER 12,2; HFA

„Darum wollen wir mit Zuversicht vor den Thron
unseres gnädigen Gottes treten. Dort werden wir,
wenn wir Hilfe brauchen, stets Liebe und Erbarmen finden.“

HEBRÄER 4,16; GN

Gott wird Sie nicht in die Zukunft blicken lassen. Warum also weiter Ausschau danach halten? Er hat uns eine Leuchte für unsere Füße verheißen, keine Kristallkugel, um die Zukunft vorherzusehen (PSALM 119,105). Wir brauchen auch gar nicht zu wissen, was der morgige Tag bringen wird. Alles, was wir wissen müssen, ist, dass er uns vorangeht und dass „er uns seine Barmherzigkeit und Gnade zuwenden wird, wenn wir seine Hilfe brauchen" (HEBRÄER 4,16; HFA).

Gott stillt unsere täglichen Bedürfnisse täglich. Nicht wöchentlich oder jährlich. Er wird Ihnen zum richtigen Zeitpunkt geben, was Sie brauchen.

113

FÜRCHTE
DICH NICHT

...Gott hat alles im Griff

*I*n dieser gefährlichen Zeit, auf diesem zerbrechlichen Erdball, wo Berichte von finanziellen Zusammenbrüchen und immer mehr Attentate oder Drohungen die Inhalte der Nachrichten bestimmen, hätten wir allen Grund, uns in eine Höhle aus Angst und Bedauern zurückzuziehen. Aber Jesus sagt: „Schaut euch das genau an, aber erschreckt nicht!" (NACH MATTHÄUS 24,6).

„Passt auf, aber habt keine Panik!" (VOLXBIBEL).

„Achtet darauf, aber erschreckt nicht!" (HFA).

„Haltet in Treue durch, auch wenn es euch das Leben kostet. Dann werde ich euch als Siegespreis ewiges Leben schenken" (OFFENBARUNG 2,10; GN).

Alles, was geschieht – auch die schlimmsten Dinge –, gehört zum göttlichen Plan dazu. Jede Bewährungsprobe, jede Schwierigkeit hat ihren Platz in Gottes Plan.

„… vor nichts brauchst du dich zu fürchten –
auch nicht vor dem Unglück, das gottlose Menschen plötzlich trifft.
Denn der Herr beschützt dich;
er lässt dich nicht in eine Falle laufen."
SPRÜCHE 3,25–26; HFA

„Ich habe über alles nachgedacht
und bin zu der Einsicht gekommen, dass auch die Klugen
und Rechtschaffenen in allem, was sie tun,
von Gott abhängig sind."
PREDIGER 9,1; GN

„Der heilige Gott Israels ist dein Befreier –
der Gott, dem die ganze Erde gehört."
JESAJA 54,5; GN

„Deshalb bin ich auch ganz sicher, dass Gott sein Werk,
das er bei euch begonnen hat, zu Ende führen wird, bis zu dem Tag,
an dem Jesus Christus kommt."

Philipper 1,6; Hfa

„Erkennt, dass der Herr unser Gott ist!
Er hat uns zu seinem Volk gemacht, ihm gehören wir!
Er sorgt für uns wie ein Hirte für seine Herde."

Psalm 100,3; Hfa

„Er beschützt alle, die Schutz bei ihm suchen."

Sprüche 30,5; Hfa

Wir müssen hören, dass Gott immer noch alles in der Hand hält. Wir müssen hören, dass die Geschichte erst dann zu Ende ist, wenn Gott es sagt. Wir müssen hören, dass die Missgeschicke und Tragödien des Lebens kein Grund sind auszusteigen. Sie sollen uns dabei helfen, dass wir noch fester im Sattel sitzen.

Corrie ten Boom pflegte zu sagen: „Wenn der Zug durch einen Tunnel fährt und die Welt dunkel wird, springt man dann etwa aus dem Zug? Natürlich nicht. Man bleibt still sitzen und vertraut darauf, dass der Zugführer die Reisenden durch den Tunnel bringt."

Wenn Sie das nächste Mal enttäuscht sind, dann geraten Sie nicht in Panik. Springen Sie nicht aus dem Zug. Geben Sie nicht auf. Sondern haben Sie einfach Geduld, und lassen Sie sich von Gott daran erinnern, dass er immer noch alles in Händen hält.

Es ist erst dann zu Ende, wenn es wirklich zu Ende ist.

*„Dies alles habe ich euch gesagt, damit ihr in meinem Frieden
geborgen seid. In der Welt wird man euch hart zusetzen,
aber verliert nicht den Mut: Ich habe die Welt besiegt!"*
JOHANNES 16,33; GN

*„Denn ich bin ganz sicher: Weder Tod noch Leben, weder Engel
noch Dämonen, weder Gegenwärtiges noch Zukünftiges,
noch irgendwelche Gewalten, weder Hohes noch Tiefes oder
sonst irgendetwas können uns von der Liebe Gottes trennen,
die er uns in Jesus Christus, unserem Herrn, schenkt."*
RÖMER 8,38; HFA

*„In auswegloser Lage schrien sie zum Herrn,
und er rettete sie aus ihrer Not."*
PSALM 107,19; HFA

*I*st die Nachfolge denn nicht eine einzige Kreuzfahrt durch die Karibik? Nein.

Jesu Jünger müssen mit rauer See und starkem Gegenwind rechnen. „In der Welt seid ihr [nicht ‚vielleicht' oder ‚möglicherweise'] in Bedrängnis" (Johannes 16,33; EÜ; Anmerkung in Klammern vom Autor).

Christus-Nachfolger bekommen Malaria, müssen ihre Kinder beerdigen, kämpfen gegen Abhängigkeiten, und deshalb erleben sie Ängste. Was uns von Menschen unterscheidet, die nicht mit Jesus unterwegs sind, ist nicht, dass es in unserem Leben keine Stürme gibt, sondern wen wir im Sturm entdecken: einen unerschütterlichen Jesus.

Sie haben vielleicht noch nicht den letzten Atemzug erreicht, aber dafür die letzte Gehaltszahlung, die letzte Idee zur Lösung eines Problems oder das letzte bisschen Glauben. Jeden Morgen, wenn die Sonne aufgeht, scheint es neue Gründe dafür zu geben, sich zu fürchten.

Wenn man den Fernseher einschaltet, hört man von Entlassungen, Wirtschaftskrisen, Unruhen im Nahen Osten, der Geldgier auf den Führungsebenen von Unternehmen, einer Talfahrt des Wohnungsmarktes, globaler Erwärmung, neuen Al-Kaida-Terrorzellen. Irgendein geistesgestörter Diktator sammelt Atomwaffen wie andere Menschen gute Weine. Spanien-Urlauber bringen sich die Schweinegrippe mit nach Hause. Das Schreckgespenst unserer Zeit, der Terrorismus, kommt vom Lateinischen *terrere*, was „erschrecken" bedeutet.

Jesus will nicht, dass Sie in ständiger Angst leben. Und Sie wollen es auch nicht.

„Er wird dich behüten wie eine Henne, die ihre Küken unter
die Flügel nimmt. Seine Treue schützt dich wie ein starker Schild.
Du brauchst keine Angst zu haben vor den Gefahren der Nacht
oder den heimtückischen Angriffen bei Tag."

PSALM 91,4–5; HFA

„In auswegloser Lage schrie ich zum Herrn: ‚Hilf mir!'
Er holte mich aus der Bedrängnis heraus und schenkte mir Freiheit.
Der Herr ist auf meiner Seite und ich brauche mich vor nichts und
niemandem zu fürchten. Was kann mir ein Mensch schon antun?"

PSALM 118,5–6; HFA

Heute werden zwei verschiedene Stimmen um Ihre Aufmerksamkeit buhlen. Negative Stimmen erfüllen Ihr Herz mit Zweifel, Bitterkeit und Angst.

Positive Stimmen vermitteln Hoffnung und Stärke.

Welcher Stimme werden Sie Gehör schenken? Sie entscheiden darüber. „Jeden Gedanken, der sich gegen Gott auflehnt, nehme ich gefangen und unterstelle ihn dem Befehl von Christus" (2. KORINTHER 10,5; GN).

„Achte auf deine Gedanken und Gefühle,
denn sie beeinflussen dein ganzes Leben!"

SPRÜCHE 4,23; HFA

„Konzentriert euch auf das, was wahr und anständig
und gerecht ist. Denkt über das nach, was rein und liebenswert
und bewunderungswürdig ist, über Dinge, die Auszeichnung
und Lob verdienen."

PHILIPPER 4,8; NL

„Befiehl dem Herrn deine Werke, so wird dein Vorhaben gelingen."

SPRÜCHE 16,3; LÜ

„Ihr Felder, habt keine Angst mehr, freut euch und jubelt!
Der Herr hat Großes getan."

JOEL 2,21; GN

„Wenn du durch tiefes Wasser oder reißende Ströme gehen musst —
ich bin bei dir, du wirst nicht ertrinken. Und wenn du ins Feuer
gerätst, bleibst du unversehrt. Keine Flamme wird dich verbrennen.
Denn ich, der Herr, bin dein Gott, der heilige Gott Israels.
Ich bin dein Retter."

JESAJA 43,2–3; HFA

„Doch der Engel sagte zu ihm: ‚Fürchte dich nicht, Zacharias!
Gott hat dein Gebet erhört. Deine Frau Elisabeth wird bald einen
Sohn bekommen. Gib ihm den Namen Johannes!'"

LUKAS 1,13; HFA

*A*lso dürfen Sie sich mit dem anfreunden, was als Nächstes auf Sie zukommt.

Nehmen Sie es an. Akzeptieren Sie es. Wehren Sie sich nicht dagegen.

Veränderung gehört nicht nur zum Leben dazu, sie ist ein notwendiger Bestandteil von Gottes Strategie. Um durch uns die Welt zu verändern, weist er uns neue Aufgaben zu. Gideon: Aus dem Bauern wurde ein Heerführer. Maria: Aus dem armen Bauernmädchen wurde die Mutter von Jesus. Paulus: Aus dem örtlichen Rabbi wurde der weltweit tätige Evangelist. Gott machte aus dem kleinen Bruder Josef einen ägyptischen Prinzen und aus dem Schafhirten David einen König.

„Geh mutig und entschlossen an diese Aufgabe heran!
Lass dich nicht beirren und hab keine Angst, denn der Herr,
mein Gott, wird dir beistehen."

1. Chronik 28,20; GN

„Sei geduldig und warte darauf, dass der Herr eingreift!"

Psalm 37,7; HFA

„Herr, mein Gott, du hast so viele wunderbare Taten getan
und deine Vorhaben sind so zahlreich. Du bist mit niemandem zu
vergleichen. Wenn ich versuchen wollte, all deine wunderbaren
Taten aufzuzählen, würde ich kein Ende finden."

Psalm 40,6; NL

Sie können Ihren Sorgen ein Ende machen, indem Sie eine Sorgenliste erstellen. Halten Sie Ihre Gedanken über einen Zeitraum von einigen Tagen einmal schriftlich fest. Erstellen Sie eine Liste mit allem, was Ihnen Sorgen bereitet, und lesen Sie sie hinterher noch einmal durch. Was davon ist wirklich so eingetroffen?

Haben Sie sich Sorgen gemacht, dass das Haus abbrennen könnte? Ist es abgebrannt? Hatten Sie Angst, dass Ihr Arbeitsplatz wegrationalisiert wird? Und – wurde er wegrationalisiert?

Teilen Sie dann Ihre Sorgen in Kategorien ein. Auf Ihrer Liste werden bestimmte Themen immer wieder auftauchen. Sie werden Bereiche entdecken, in denen Sie sich besonders oft Sorgen machen und die sich zu einer Manie entwickeln könnten: was andere über Sie denken, Geld, Naturkatastrophen und Kriege, Ihr Aussehen oder Ihre Leistung. Beten Sie für diese Dinge ganz besonders.

„Ich, der Herr, dein Schöpfer, der dich im Mutterleib gebildet hat und dir seitdem beisteht, ich sage dir: Hab keine Angst."

JESAJA 44,2; GN

„Was wir jetzt leiden müssen, dauert nicht lange und ist leicht zu ertragen in Anbetracht der unendlichen, unvorstellbaren Herrlichkeit, die uns erwartet."

2. KORINTHER 4,17; HFA

„Wie groß ist doch Gott! Wie unendlich sein Reichtum, seine Weisheit, wie tief seine Gedanken! Wie unbegreiflich für uns seine Entscheidungen und seine Pläne!"

RÖMER 11,33; HFA

Was ist mit den tragischen Veränderungen in unserem Leben, die Gott zulässt? Wer kann schon die Behinderung eines Kindes oder die unglaubliche Zerstörung durch ein Erdbeben im Puzzle des Lebens unterbringen? Es hat einen Sinn, wenn wir es aus der Perspektive der Ewigkeit betrachten. Was hier in diesem Leben keinen Sinn ergibt, wird im nächsten Leben sehr wohl Sinn ergeben. Ich habe den Beweis dafür: die Zeit, als Sie im Bauch Ihrer Mutter waren.

Manches von dem, was Sie im Bauch bereits hatten, brauchten Sie dort gar nicht. Sie hatten eine Nase, atmeten aber nicht. Ihre Augen bildeten sich, aber Sie konnten nichts sehen. Auch Ihre Zunge, Ihre Zehennägel oder Ihr Haarflaum waren im Bauch Ihrer Mutter nutzlos. Aber sind Sie nicht froh, dass Sie all diese Dinge jetzt haben?

Manche Kapitel in unserem Leben scheinen genauso nutzlos zu sein wie die Nase eines Ungeborenen: Völkermord, der Tod eines Märtyrers, Wirbelstürme. Wenn wir davon ausgehen, dass es im Leben nur darum geht, glücklich zu sein, dann hat es schon allein wegen dieser grausamen Dinge seinen Sinn verfehlt. Aber was wäre, wenn dieses Leben nur der „Mutterleib" ist? Könnte es sein, dass diese Herausforderungen, so schwerwiegend sie auch sein mögen, nur dazu dienen, uns auf die zukünftige Welt vorzubereiten?

„Wir haben einen mächtigen Gott! Er ist unser Herr für immer
und ewig; allezeit wird er uns führen!"

PSALM 48,15; HFA

„Mit deinen Händen hast du mich gestaltet;
Herr, hilf mir, deinen Willen zu verstehen!
Die Deinen sehen mich und freuen sich,
weil ich mich auf dein Wort verlassen habe."

PSALM 119,73–74; GN

„Mein Leben aber wird Gott freikaufen.
Er wird mich der Macht des Todes entreißen."

PSALM 49,16; NL

Raubt die Angst vor dem Tod Ihnen die Freude am Leben? Jesus kam, um die zu befreien, die „durch ihre Angst vor dem Tod das ganze Leben lang Sklaven gewesen sind" (HEBRÄER 2,15; GN).

Zwar hat der Tod eine gewisse Macht über uns, doch „Christus ist gestorben und zu neuem Leben auferstanden, um der Herr der Toten und der Lebenden zu sein" (RÖMER 14,9; HFA). Ihr Tod mag überraschend für Sie kommen und andere bekümmern, aber der Himmel kennt keinen unzeitigen Tod: „Als ich gerade erst entstand, hast du mich schon gesehen. Alle Tage meines Lebens hast du in dein Buch geschrieben – noch bevor einer von ihnen begann!" (PSALM 139,16; HFA).

„Ich aber bin wie ein grünender Ölbaum, der nahe beim Tempel
Gottes wächst; ich verlasse mich für alle Zeit auf seine Güte.
Gott, ich will dir immer danken für das, was du getan hast.
Vor allen, die zu dir halten, will ich dich rühmen,
weil du so gütig bist.“

PSALM 52,10–11; GN

„Als er noch auf der Erde lebte, hat Jesus sich im Gebet
mit Bitten und Flehen an Gott gewandt,
der ihn vom Tod retten konnte.“

HEBRÄER 5,7; GN

„Und wir dürfen zuversichtlich sein, dass er uns erhört,
wenn wir ihn um etwas bitten, das seinem Willen entspricht.
Und wenn wir wissen, dass er unsere Bitten hört, dann können wir
auch sicher sein, dass er uns gibt, worum wir ihn bitten.“

1. JOHANNESBRIEF 5,14–15; NL

Jesus hat seine Angst offen gezeigt. Er hat sich „im Gebet mit Bitten und Flehen an Gott gewandt, der ihn vom Tod retten konnte; mit lautem Rufen und unter Tränen hat er seine Not vor ihn gebracht" (HEBRÄER 5,7; EÜ). Er betete laut genug, um gehört und wahrgenommen zu werden, und er bat seine Freunde, gemeinsam mit ihm zu beten.

Sein Gebet in Gethsemane ist für Christen ein Beispiel dafür, wie Gemeinde funktionieren sollte – sie sollte ein Ort sein, an dem man über seine Furcht reden, sie bekennen und sich seelisch entblößen darf. Sie sollte der Zufluchtsort vor der „wortlosen Finsternis" unterdrückter Ängste sein. In einer gesunden Gemeinde sterben unsere Ängste ab. Wir durchbohren sie mit Bibelversen, mit Lob- und Klagepsalmen. Im Licht des Bekennens schmelzen sie dahin. Wir ertränken sie in unserer Anbetung und entscheiden uns, auf Gott zu schauen statt auf unsere Furcht.

Das Großartige daran ist: Sie müssen mit Ihren Ängsten nicht alleine bleiben.

„Der Herr sieht alles, was du tust, und prüft alle deine Wege."

Sprüche 5,21; GN

*„Wer unter dem Schirm des Höchsten sitzt und unter dem Schatten
des Allmächtigen bleibt, der spricht zu dem Herrn:
Meine Zuversicht und meine Burg, mein Gott, auf den ich hoffe."*

Psalm 91,1–2; LÜ

*„Er wird euch dafür alles schenken, was ihr braucht,
ja mehr als das. So werdet ihr nicht nur selbst genug haben, sondern
auch noch anderen von eurem Überfluss weitergeben können."*

2. Korinther 9,8; HfA

Wenn man das Leben doch nur genauso bestellen könnte, wie man sich einen Kaffee bestellt. Wäre es nicht schön, wenn man die Zutaten für seine Zukunft nach eigenem Geschmack und Ermessen mischen könnte?

„Ich hätte gerne eine große Tasse Abenteuer, aber ohne Gefahren und mit einem Extraschuss Gesundheit."

„Bitte ein koffeinfreies, langes Leben und ein bisschen Fruchtbarkeit obendrauf. Und mit viel Aktivitäten, aber ohne Behinderungen."

„Für mich bitte einen großen Glücks-Latte-macchiato mit einem Klecks Liebe und obendrauf einen Altersruhesitz in der Karibik."

In dieses Café würde ich auch gehen. Schade, dass es das nicht gibt. In Wahrheit serviert uns das Leben oft ein ganz anderes Gebräu als das, was wir bestellt haben.

Das Leben steckt voller Überraschungen, Veränderungen, Wechsel und Neuem.

„Als die Jünger ihn auf dem Wasser gehen sahen, meinten sie,
es sei ein Gespenst, und schrien auf. Denn sie sahen ihn alle
und waren ganz verstört. Sofort sprach er sie an:
‚Fasst Mut! Ich bin's, fürchtet euch nicht!'"

MARKUS 6,49–50; GN

„Meint ihr, der Arm des Herrn sei zu kurz, um euch zu helfen,
oder der Herr sei taub und könne euren Hilferuf nicht hören?"

JESAJA 59,1; GN

Nähren Sie Ihre Ängste, dann verhungert Ihr Glaube.

Nähren Sie Ihren Glauben, dann verhungern Ihre Ängste.

Jesus hätte auch Ihren Sturm schon lange stillen können. Aber er hat es nicht getan. Will er vielleicht auch Sie etwas lehren? Könnte die Lektion in etwa so lauten: „Was den Sturm angeht, hast du keine Wahl, was deine Ängste anbelangt, schon"?

Und er hat seine „Leistungen" in der Bibel festgehalten. Hier sprechen wir nicht von sechstausend Stunden Flugerfahrung. In seinem Lebenslauf stehen Dinge wie die Teilung des Roten Meeres, das Verschließen von Löwenmäulern, der Untergang von Goliath, die Auferstehung von Lazarus, das Stillen von Stürmen und das Gehen auf dem Wasser.

Was er uns damit lehren will, ist klar: Er hat die Macht über alle Stürme.

„… weil […] ich dich liebe. Fürchte dich nicht,
denn ich bin bei dir!"
JESAJA 43,4–5; GN

„Und ob ich schon wanderte im finstern Tal,
fürchte ich kein Unglück; denn du bist bei mir,
dein Stecken und Stab trösten mich."
PSALM 23,4; LÜ

„Im Gehorsam gegen Gott erniedrigte er sich so tief,
dass er sogar den Tod auf sich nahm,
ja, den Verbrechertod am Kreuz."
PHILIPPER 2,8; GN

Die Kreuzigung war eine hässliche, widerwärtige, harte und erniedrigende Art zu sterben. Aber es war die Todesart, die Jesus gewählt hatte. „Im Gehorsam gegen Gott erniedrigte er sich so tief, dass er sogar den Tod auf sich nahm, ja, den Verbrechertod am Kreuz" (Philipper 2,8; GN).

Ein angenehmerer Tod hätte es doch auch getan. Ein einziger Tropfen seines Blutes hätte die Menschheit erlösen können. Vergießt sein Blut, erstickt seinen Atem, bringt sein Herz zum Stillstand, aber macht schnell. Durchbohrt sein Herz mit einem Schwert. Schneidet ihm mit einem Dolch die Kehle durch. War es für die Vergebung unserer Sünden wirklich notwendig, sechs Stunden lang Gewalt zu erdulden?

Nein, dafür nicht, aber für seinen Sieg über den Sadismus. Jesus hat damit endgültig gezeigt, dass er die Macht über all die Grausamkeiten hat. Das Böse kommt hin und wieder durch, aber nur einen kurzen Augenblick lang. Satan hat seine übelsten Dämonen auf den Sohn Gottes losgelassen. Er quälte jede Faser in ihm und tat ihm jedes nur erdenkliche Leid an. Und dennoch konnte der Meister des Todes den Herrn des Lebens nicht zerstören. Das Beste des Himmels hat das Schlimmste der Hölle in Hoffnung verwandelt.

„Wenn Gottes Befehl ergeht, der oberste Engel ruft
und die himmlische Posaune ertönt, wird Christus, der Herr,
selbst vom Himmel kommen."

1. THESSALONICHER 4,16; GN

„Er wird alle ihre Tränen abwischen. Es wird keinen Tod mehr
geben und keine Traurigkeit, keine Klage und keine Quälerei mehr.
Was einmal war, ist für immer vorbei."

OFFENBARUNG 21,4; GN

„Er heilt den, der innerlich zerbrochen ist,
und verbindet seine Wunden."

PSALM 147,3; HFA

Ein faszinierender Vers steht in 1. Thessalonicher 4, Vers 16 (Hfa): „Auf den Befehl Gottes werden die Stimme des höchsten Engels und der Schall der Posaune ertönen, und Christus, der Herr, wird vom Himmel herabkommen."

Haben Sie sich jemals gefragt, wie der Befehl wohl lauten wird, der die himmlische Amtszeit einleiten wird?

Ich könnte sehr wohl falsch liegen, aber ich glaube, der Befehl, der den Schmerzen auf der Erde ein Ende setzt und die Freuden des Himmels einleitet, wird aus zwei Worte bestehen: „Nie wieder!"

Nie wieder Einsamkeit.

Nie wieder Tränen. Nie wieder Angst.

Nie wieder Tod. Nie wieder Traurigkeit. Nie wieder Weinen. Nie wieder Schmerzen.

„Wer das Urteil der Menschen fürchtet, gerät in ihre Abhängigkeit;
wer dem Herrn vertraut, ist gelassen und sicher."
SPRÜCHE 29,25; HFA

„Bei dir bin ich in Sicherheit; du lässt nicht zu, dass ich vor Angst
und Not umkomme. Ich singe und juble: ,Du hast mich befreit!'"
PSALM 32,7; HFA

„Habt keine Angst wegen der Dinge, die ihr noch erleiden müsst.
[…] Haltet in Treue durch, auch wenn es euch das Leben kostet.
Dann werde ich euch als Siegespreis ewiges Leben schenken."
OFFENBARUNG 2,10; GN

Entgegen unseren Hoffnungen bleiben gute Menschen nicht immer von Gewalt verschont. Mörder lassen ihre Opfer nicht einfach laufen, bloß weil diese gläubig sind. Sexualtäter suchen sich ihre Opfer nicht nach deren geistlichem Lebenslauf aus. Blutrünstige und gewalttätige Menschen verschonen die Auserwählten Gottes nicht. Wir sind nicht immun gegen solche Dinge, aber wir müssen uns davon auch nicht einschüchtern lassen. Jesus hat folgenden Rat, was diese gewalttätige Welt angeht: „Fürchtet euch nicht vor denen, die nur den Leib, aber nicht die Seele töten können" (MATTHÄUS 10,28; GN).

Die Jünger brauchten diese Bestätigung. Jesus hatte ihnen soeben erklärt, dass sie mit Auspeitschungen, Gerichtsverfahren, Tod, Hass und Verfolgung rechnen mussten (VERSE 17–23). Das war nicht gerade sehr aufmunternd und ermutigend. Man muss ihnen zugutehalten, dass keiner von ihnen gekniffen hat.

Mut kommt nicht, wenn die Polizei ihre Präsenz in unseren Straßen verstärkt, sondern mit wachsender geistlicher Reife.

FÜRCHTE DICH NICHT

...Wir sind Gott wichtig

Die Angst nagt an unserem Vertrauen auf Gottes Güte. Wir beginnen, uns langsam zu fragen, ob Gott tatsächlich so gut ist, wie er zu sein behauptet.

Und wir wollen schnell wieder alles unter Kontrolle bekommen. Angst ist im Grunde nichts anderes als das Bewusstsein, dass man die Kontrolle verloren hat. Wenn im Leben alles drunter und drüber geht, versuchen wir, uns an irgendeinen Aspekt unseres Lebens zu klammern, den wir in der Hand haben: unsere Ernährung, ein sauberes Haus, die Armlehne im Flugzeug oder oft auch andere Menschen. Je unsicherer wir sind, desto gemeiner können wir auch sein. Wir knurren und fletschen die Zähne. Warum? Weil wir so böse sind? Zum Teil. Aber auch, weil wir uns in die Enge getrieben fühlen.

Angst verbreitet eine Art von geistlichem Gedächtnisschwund. Die Wunder verblassen in unserer Erinnerung. Wir vergessen, was Jesus alles getan hat und wie gut Gott zu uns war.

„Sofort stand Jesus auf, bedrohte den Wind
und rief in das Toben des Sees: ‚Sei still und schweig!‘
Da legte sich der Sturm und es wurde ganz still.
‚Warum hattet ihr solche Angst?‘, fragte Jesus seine Jünger.
‚Habt ihr denn gar kein Vertrauen zu mir?‘"

MARKUS 4,39–40; HFA

„Der Herr selbst geht vor dir her. Er steht dir zur Seite
und verlässt dich nicht. Immer hält er zu dir. Hab keine Angst,
und lass dich von niemandem einschüchtern!"

5. MOSE 31,8; HFA

„‚Seid nicht bestürzt, und habt keine Angst!‘, ermutigte Jesus
seine Jünger. ‚Vertraut Gott und vertraut mir! [...]
Und wenn alles bereit ist, werde ich kommen und euch zu mir
holen. Dann werdet auch ihr dort sein, wo ich bin.‘"

JOHANNES 14,1.3; HFA

*„Freut euch Tag für Tag, dass ihr zum Herrn gehört.
Und noch einmal will ich es sagen: Freut euch!"*

PHILIPPER 4,4; HFA

*„Jesus […] sagte zu dem Synagogenvorsteher:
‚Erschrick nicht, hab nur Vertrauen!'"*

MARKUS 5,36; GN

*„Weil die Eltern des Mose unerschütterlich an Gott glaubten,
hatten sie keine Angst, gegen den Befehl des Pharaos zu handeln:
Sie hatten ein schönes Kind bekommen und versteckten es
drei Monate lang."*

HEBRÄER 11,23; HFA

Die Anwesenheit von Angst lässt nicht darauf schließen, dass Sie keinen Glauben haben. Jeder ist mit Angst konfrontiert. Sogar Jesus hatte Angst (MARKUS 14,33). Aber sorgen Sie dafür, dass Angst nur ein Besucher ist und kein ständiger Untermieter. Hat Angst nicht schon genug geraubt? Genug Lächeln? Genug Lachen? Erholsame Nächte, erfüllte Tage? Treten Sie Ihren Ängsten im Glauben entgegen.

Fürchten Sie sich nicht; glauben Sie nur.

Glauben Sie, dass Gott fähig ist; glauben Sie, dass er Sorge trägt.

„Für Gott ist nichts unmöglich."

LUKAS 1,37; GN

„Unser Herr ist groß und seine Macht ist gewaltig!
Seine Erkenntnis übersteigt alles, was wir begreifen können!"

PSALM 147,5; NL

„Ich liebe den Herrn, denn er hört mich,
wenn ich zu ihm um Hilfe schreie. Er hat ein offenes Ohr für mich;
darum bete ich zu ihm, solange ich lebe."

PSALM 116,1–2; GN

Und mit einem so einfachen Gebet konnte Jesus seine tiefsten Ängste bezwingen.

Machen Sie es genauso. Bekämpfen Sie Ihre Ungeheuer in Gethsemane. Sprechen Sie mit Gott über diese hässlichen, hartnäckigen Bösewichte in Ihnen. Nennen Sie Ihre Ängste beim Namen. Sagen Sie genau, um welchen „Kelch" es gerade geht, und sprechen Sie mit Gott darüber. Wenn Sie Ihre Ängste in Worte fassen, entlarven Sie sie und nehmen ihnen so ihren Schrecken.

Es ist unsere Pflicht, unsere Ängste bloßzustellen, jede einzelne von ihnen. Sie vertragen das Sonnenlicht genauso wenig wie Vampire. Angst vor finanziellen Schwierigkeiten, Angst vor zerbrechenden Beziehungen, Angst am Arbeitsplatz, Angst vor Bedrohungen – ganz gleich, was es ist, nennen Sie es im Gebet beim Namen. Zerren Sie es mit Ihrem Verstand ans Licht, und zwingen Sie es, vor Gott zu stehen und seine wohlverdiente Strafe zu empfangen.

> *„Alles, was Gott uns gibt, ist gut und vollkommen. Er, der Vater des Lichts, ändert sich nicht; niemals wechseln bei ihm Licht und Finsternis."*
> JAKOBUS 1,17; HFA

Wenn Ihr Vater Bill Gates wäre und Ihr Computer würde abstürzen – an wen würden Sie sich wenden?

Wenn Stradivari Ihr Vater wäre und eine Violinsaite würde reißen – zu wem würden Sie gehen?

Wenn Gott Ihr Vater ist und Sie ein Problem haben – was tun Sie dann?

Gott ist davon weder überrascht noch schockiert. Gehen Sie zu ihm. Er kann das tun, was Sie nicht tun können.

„Gott kann unendlich viel mehr an uns tun,
als wir jemals von ihm erbitten oder uns ausdenken können.
So mächtig ist die Kraft, mit der er in uns wirkt.
Ihm gehört die Ehre in der Gemeinde und durch Jesus Christus
in allen Generationen, für Zeit und Ewigkeit! Amen. "

EPHESER 3,20–21; GN

„Jetzt haben sie alle den einen Vater:
sowohl Jesus, der die Menschen in die Gemeinschaft mit Gott führt,
als auch die Menschen, die durch Jesus zu Gott geführt werden.
Darum schämt sich Jesus auch nicht,
sie seine Brüder und Schwestern zu nennen. "

HEBRÄER 2,11; HFA

„Fürchte dich nicht, denn ich bin bei dir; hab keine Angst,
denn ich bin dein Gott! Ich mache dich stark, ich helfe dir,
mit meiner siegreichen Hand beschütze ich dich!"

JESAJA 41,10; HFA

„Gott, du bist treu! Mit gewaltigen Taten antwortest du uns,
wenn wir deine Hilfe brauchen.
Du bist die Hoffnung aller Völker bis in die fernsten Länder."

PSALM 65,6; HFA

„Rufe zu mir, dann will ich dir antworten und dir große und
geheimnisvolle Dinge zeigen, von denen du nichts weißt!"

JEREMIA 33,3; HFA

Was ist Ihre größte Angst? Die Angst zu versagen? Arbeitslosigkeit? Höhenangst? Die Angst, keinen Ehepartner zu finden oder die Gesundheit zu verlieren? Die Angst, in der Falle zu sitzen, verlassen oder vergessen zu werden? Das alles sind durchaus reale und berechtigte Ängste. Aber wenn man sie unbeobachtet lässt, können sie krankhaft werden.

Es ist ein schmaler Grat zwischen Vorsicht und Wahn. Wer vorsichtig ist, schnallt sich im Auto an. Wer paranoid ist, steigt gar nicht erst in den Wagen. Die Vorsicht sagt: „Wasch dir die Hände." Der Wahn sagt: „Gib niemandem die Hand." Es ist ein Zeichen für Vorsicht, fürs Alter etwas zurückzulegen. Aber es ist ein Zeichen für Paranoia, alles zu horten. Wer vorsichtig ist, plant und sorgt vor. Wer paranoid ist, verfällt in Panik. Die Vorsichtigen schätzen das Risiko ab und springen dann. Die Paranoiden trauen sich niemals ins Wasser.

Wie viele Menschen verbringen ihr gesamtes Leben am Rand des Schwimmbeckens und wagen es nie hineinzuspringen, weil sie übervorsichtig sind und ihr Glaube auf wackligen Füßen steht? Sie sind glücklich und zufrieden damit, das Leben indirekt, durch die Erfahrungen anderer zu erleben. Lieber gehen sie kein Risiko ein. Weil sie das Schlimmste befürchten, verpassen sie das Beste im Leben.

„Sei nicht entrüstet über die Gottlosen,
und ereifere dich nicht über sie! Denn sie haben keine Zukunft –
ihr Leben gleicht einem glimmenden Docht, der bald ganz erlischt. "
SPRÜCHE 24,19–20; HFA

„Wenn wir am Abend noch weinen und traurig sind,
so können wir am Morgen doch vor Freude wieder jubeln. "
PSALM 30,6; HFA

„Ich bin von allen Seiten bedrängt, aber ich werde nicht erdrückt.
Ich weiß oft nicht mehr weiter, aber ich verzweifle nicht. […]
Die Leiden, die ich jetzt ertragen muss, wiegen nicht schwer
und gehen vorüber. Sie werden mir eine Herrlichkeit bringen,
die alle Vorstellungen übersteigt und kein Ende hat. […]
Denn was wir jetzt sehen, besteht nur eine gewisse Zeit.
Das Unsichtbare aber bleibt ewig bestehen. "
2. KORINTHER 4,8.17–18; GN

Wachsen Ihnen die Sorgen über den Kopf? „Alle eure Sorge werft auf ihn; denn er sorgt für euch" (1. PETRUS 5,7; LÜ). Werfen. Petrus verwendet an dieser Stelle ein starkes Verb. Nicht legen oder *gelegentlich abgeben*. Petrus verwendete dasselbe Verb, das die Verfasser der Evangelien gebrauchten, um die Art und Weise zu beschreiben, wie Jesus mit Dämonen umging. Er trieb sie aus. Eine starke Hand am Kragen, die andere packt den Gürtel, und dann folgt ein „Lass dich hier nie wieder blicken!". Tun Sie mit Ihren Ängsten dasselbe. Machen Sie mit ihnen Ernst. Werfen Sie sie sofort auf Gott.

Sich zu sorgen ist eine Wahl, keine Bestimmung. Gott kann Sie in eine sorgenfreie Welt führen. Haben Sie immer schnell ein Gebet parat. Konzentrieren Sie sich weniger auf die Probleme, die vor Ihnen liegen, und mehr auf die Siege, die Sie bereits errungen haben. Tragen Sie Ihren Teil bei und Gott wird den seinen dazutun. Er wird Ihr Herz mit seinem Frieden bewahren … einem Frieden, der die Vernunft übersteigt.

„Warum wollt ihr leben wie die Menschen,
die Gott nicht kennen und diese Dinge so wichtig nehmen?
Euer himmlischer Vater kennt eure Bedürfnisse.
Wenn ihr für ihn lebt und das Reich Gottes zu eurem wichtigsten
Anliegen macht, wird er euch jeden Tag geben, was ihr braucht.“
MATTHÄUS 6,32–33; NL

„Die deine Nähe jedoch suchen, sollen sich freuen und über dich
jubeln. Die dein Heil lieben, sollen immer wieder rufen:
‚Der Herr ist groß!‘“
PSALM 40,17; NL

*„Geht zum Herrn,
denn er ist mächtig;
sucht seine Nähe
zu aller Zeit!"*

I. CHRONIK 16,11; GN

Wer Reichtum zu seinem wichtigsten Anliegen macht, wird sich wegen jedes Euros sorgen.

Wer die Gesundheit zu seinem wichtigsten Anliegen macht, wird sich wegen jedes Wehwehchens sorgen.

Wer Beliebtheit zu seinem wichtigsten Anliegen macht, für den ist jeder Konflikt ein Albtraum.

Aber wer Gottes Reich zu seinem wichtigsten Anliegen macht, wird sein Ziel erreichen. Darauf können wir uns verlassen und deshalb müssen wir uns nie Sorgen darum machen.

„Manche schwören auf gepanzerte Wagen,
andere verlassen sich auf Pferde;
doch wir vertrauen auf den Herrn, unseren Gott!"
PSALM 20,8; GN

„In nächtlichen Stunden, auf meinem Bett,
gehen meine Gedanken zu dir und betend sinne ich über dich nach.
Ja, du hast mir geholfen, im Schutz deiner Flügel
kann ich vor Freude singen."
PSALM 63,7–8; GN

„Geht zum Herrn, denn er ist mächtig; sucht seine Nähe
zu aller Zeit! Erinnert euch an seine machtvollen Taten,
an seine Wunder und Gerichtsurteile."
PSALM 105,4–5; GN

*I*n seinem Brief an Timotheus, möglicherweise seinem letzten Brief, den er überhaupt schrieb, flehte Paulus Timotheus an, *nicht zu vergessen*. Vielleicht hat der alte Kämpfer sogar gelächelt, während er diese Worte niederschrieb: „Vergiss nie: Jesus Christus, ein Nachkomme Davids, wurde durch Gott von den Toten auferweckt" (2. TIMOTHEUS 2,8; HFA).

Wenn Sie durch harte Zeiten gehen, dann vergessen Sie Jesus nicht. Wenn andere Menschen Ihnen nicht zuhören, dann vergessen Sie Jesus nicht. Wenn Sie weinen, dann vergessen Sie Jesus nicht. Wenn die Enttäuschung nachts an Ihnen nagt, dann vergessen Sie Jesus nicht. Wenn die Angst Sie beschleicht, wenn der Tod droht, wenn Zorn aufwallt, wenn Sie von Scham niedergedrückt werden – vergessen Sie Jesus nicht.

Denken Sie daran, wie sich die Heiligkeit mit dem Menschsein verband. Denken Sie an die Kranken, die von schwieligen Händen geheilt wurden. Denken Sie an den Toten, der von einem Mann mit galiläischem Akzent aus dem Grab herausgerufen wurde. Denken Sie an die Augen Gottes, die mit Menschentränen weinten.

„Kauft man nicht zwei Spatzen für einen Groschen?
Und doch fällt nicht einmal ein Spatz auf die Erde,
ohne dass euer Vater es weiß. Bei euch aber ist sogar jedes Haar
auf dem Kopf gezählt. Habt also keine Angst:
Ihr seid Gott mehr wert als ein ganzer Schwarm Spatzen!"

MATTHÄUS 10,29–31; GN

„Herr, ich danke dir dafür, dass du mich so wunderbar
und einzigartig gemacht hast! Großartig ist alles,
was du geschaffen hast – das erkenne ich!"

PSALM 139,14; HFA

„Denn wir sind Gottes Schöpfung. Er hat uns in Christus Jesus
neu geschaffen, damit wir zu guten Taten fähig sind,
wie er es für unser Leben schon immer vorgesehen hat."

EPHESER 2,10; NL

*S*ind wir bedeutend? Wir haben Angst, es nicht zu sein. Wir fürchten uns vor der Nichtigkeit, der Bedeutungslosigkeit. Wir haben Angst, uns einfach in nichts aufzulösen und in der Summe nur eine Null zu sein.

Deshalb ärgert es uns, wenn ein Freund unseren Geburtstag vergisst oder der Lehrer sich unseren Namen nicht merken kann, ein Kollege die Lorbeeren für das erntet, was wir getan haben, oder wenn wir tagtäglich wie ein Stück Vieh in den Bus gequetscht werden. Das alles bestätigt unsere schlimmsten Befürchtungen: „Keiner kümmert sich um mich, weil ich es nicht wert bin, dass sich jemand um mich kümmert."

Wenn Sie sich Ihr Leben lang vorsagen: „Ich werde nie etwas erreichen, ich bin nichts wert" – raten Sie mal, was dann passiert: Damit verurteilen Sie sich selbst gnadenlos zu einem ausgesprochen trostlosen Leben.

Und außerdem widersprechen Sie damit Gottes Bild von Ihnen. Sie zweifeln damit auch an seinem Urteilsvermögen und kritisieren seinen Geschmack. Denn nach seiner Überzeugung sind Sie „kunstvoll gebildet" (Psalm 139,15; Hfa). Sie sind „wunderbar und einzigartig gemacht" (Vers 14). Gott denkt die ganze Zeit an Sie! Wenn Sie zählen könnten, wie oft seine Gedanken zu Ihnen wandern, dann würden Sie feststellen, dass „sie zahlreicher [sind] als der Sand am Meer" (Vers 18).

„Und ob ich schon wanderte im finstern Tal,
fürchte ich kein Unglück; denn du bist bei mir,
dein Stecken und Stab trösten mich."

PSALM 23,4; LÜ

„Und wirklich, er ist jedem von uns ja so nahe!
Durch ihn allein leben und handeln wir,
ja, ihm verdanken wir alles, was wir sind."

APOSTELGESCHICHTE 17,27–28; HFA

„Dann führte er sein Volk hinaus wie eine Herde von Schafen
und leitete sie auf dem Weg durch die Wüste.
Er führte sie sicher, sie hatten nichts zu fürchten,
aber ihre Feinde bedeckte das Meer."

PSALM 78,52–53; GN

*F*ürchte ich kein Unglück." Wie konnte David, der Hirte und König, so etwas von sich behaupten? Weil er einfach wusste, wo er hinzuschauen hatte. „Du bist bei mir, dein Stecken und Stab trösten mich."

Anstatt sich anderen Schafen zuzuwenden, wandte David sich dem Hirten zu. Anstatt wie gebannt auf die Probleme zu schauen, schaute er auf den Stecken und den Stab seines Hirten. Nur weil er wusste, wo er hinzuschauen hatte, konnte er sagen: „… fürchte ich kein Unglück."

Verschwenden Sie nicht Ihre Zeit damit, die Ausmaße des Berges zu vermessen, sondern wenden Sie sich gleich an den, der ihn hinwegheben kann. Versuchen Sie nicht, die Welt auf Ihren Schultern zu tragen, sondern vertrauen Sie sich dem an, der das ganze Universum in seiner Hand hält. Ob Sie Grund zur Hoffnung haben, hängt ganz von Ihrer Blickrichtung ab.

„Die Liebe kennt keine Angst. Wahre Liebe vertreibt die Angst.
Wer Angst hat und vor der Strafe zittert,
bei dem hat die Liebe ihr Ziel noch nicht erreicht. "

1. JOHANNES 4,18; GN

„Alle, die dem Herrn gehorchen,
umgibt sein Engel mit mächtigem Schutz
und bringt sie in Sicherheit. Erprobt es doch selbst
und erlebt es: Der Herr ist gütig! Wie glücklich sind alle,
die bei ihm Zuflucht suchen!"

PSALM 34,8–9; GN

Mut bricht nicht in Panik aus, er betet.

Mut jammert nicht, er glaubt.

Mut ermattet nicht, er hört.

Er hört auf die Stimme Gottes, die uns durch die Bibel zuruft: „Fürchte dich nicht!“ Der Mut hört die Stimme Jesu auf dem Krankenhausflur, auf dem Friedhof und auf dem Schlachtfeld.

„Wer von euch Schweres zu ertragen hat, soll beten.
Wer von euch glücklich ist, soll Loblieder singen."
JAKOBUS 5,13; GN

„Selbst kräftige junge Löwen finden manchmal keine Beute
und müssen hungern, wer aber dem Herrn gehorcht,
dem fehlt es an nichts."
PSALM 34,11; HFA

„Es ist besser, auf den Herrn zu vertrauen,
als sein Vertrauen auf Menschen zu setzen."
PSALM 118,8; NL

Wenn Ihr Ehepartner Sie jemals im Büro angerufen hat mit den Worten: „Gerade kam ein Brief vom Finanzamt. Sie haben da noch ein paar Fragen …"

Wenn Ihr Vorgesetzter jemals ein Gespräch mit den Worten begonnen hat: „Sie sind ein guter Angestellter, aber auch an uns ist die Wirtschaftskrise nicht spurlos vorübergegangen und wir müssen Kürzungen vornehmen …"

Dann wissen Sie, dass das Leben in wenigen Augenblicken aus dem Gleichgewicht geraten und ins Chaos stürzen kann.

Verlieren Sie nicht den Mut! Jesus weiß, wie Sie sich fühlen. Der Verfasser des Hebräerbriefes weist darauf hin, wenn er schreibt: „Doch er gehört nicht zu denen, die unsere Schwächen nicht verstehen und zu keinem Mitleiden fähig sind. Jesus Christus musste mit denselben Versuchungen kämpfen wie wir" (HEBRÄER 4,15; HFA).

Jesus teilte alle unsere Erfahrungen mit uns. Jede Verletzung. Jeden Schmerz. Allen Stress und alle Anstrengungen. Ohne Ausnahme. Ohne Davonlaufen. Warum? Damit er mit unseren Schwächen mitfühlen kann.

„Gott […] vollbringt große Wunder, die wir nicht begreifen. "

HIOB 37,5; HFA

„Selbst wenn eine ganze Armee gegen mich aufmarschiert, fürchte ich mich nicht. Auch wenn sie einen Krieg gegen mich beginnen, bleibe ich ruhig und zuversichtlich. "

PSALM 27,3; HFA

„Kann man wirklich noch mehr erwarten?
Wenn Gott für uns ist, wer kann dann gegen uns sein?"

RÖMER 8,31; HFA

Wahrer Mut nimmt sowohl die gegenwärtigen Schwierigkeiten als auch den letztendlichen Sieg als Realität an. Ja, das Leben ist manchmal zum Kotzen. Aber das wird nicht immer so bleiben. Wie einer meiner Freunde immer sagt: „Am Ende wird alles gut werden. Wenn es noch nicht gut ist, dann ist es eben noch nicht das Ende."

Vermeiden Sie ebenfalls blinden Optimismus. Wir haben nichts davon, wenn wir die Unmenschlichkeit des menschlichen Lebens beschönigen. Diese Welt ist vergiftet. Aber wir sollten auch nicht in den Chor der Angsthasen einstimmen und den Untergang beweinen. „Der Himmel stürzt ein! Der Himmel stürzt ein!" Der überlegt handelnde, klar denkende, gläubige Jesus-Nachfolger steht irgendwo zwischen übertriebenem Optimismus und Angstmacherei, zwischen blindem Leugnen und unverhohlener Panik. Mit offenen Augen, aber ohne Angst. Unerschrocken im Angesicht des Schreckens. Er ist der gelassenste Junge in der Straße, und das nicht, weil es keine Rowdys gibt, sondern weil er auf seinen großen Bruder vertraut.

Vater zu sein ist so manches Mal besser als ein Theologiestudium. Ich habe dadurch Folgendes gelernt: Wenn ich kritisiert werde, verletzt oder ängstlich bin, dann gibt es da einen anderen Vater, der bereit ist, mich zu trösten. Es gibt einen Vater, der mich festhält, bis es mir besser geht, der mir hilft, bis ich mit der Verletzung leben kann, und der nicht zu Bett geht, wenn ich mich davor fürchte, aufzuwachen und mit der Dunkelheit konfrontiert zu werden.

Niemals.

„Herr, du gibst Frieden dem, der sich fest an dich hält
und dir allein vertraut!"

JESAJA 26,3; HFA

„Gelobt sei Gott, der Vater unseres Herrn Jesus Christus!
In seinem grenzenlosen Erbarmen hat er uns neues Leben geschenkt.
Weil Jesus Christus von den Toten auferstanden ist,
haben wir die Hoffnung auf ein neues, ewiges Leben."

1. PETRUS 1,3; HFA

„Jesus sagte zu seinen Jüngern: ‚Macht euch keine Sorgen um euren Lebensunterhalt, um Essen und Kleidung. Leben bedeutet mehr als Essen und Trinken, und der Mensch ist wichtiger als seine Kleidung. Seht euch die Raben an! Sie säen nichts und ernten nichts, sie haben keine Vorratskammern und keine Scheunen; aber Gott versorgt sie doch. Meint ihr nicht, dass ihr ihm viel wichtiger seid?‘“

LUKAS 12,22–24; HFA

„In meinem langen Leben traf ich niemanden, der Gott liebte und dennoch von ihm verlassen wurde. Auch seine Kinder mussten nie um Brot betteln.“

PSALM 37,25; HFA

„Nicht, dass ich etwas gebraucht hätte! Ich habe gelernt, mit dem zufrieden zu sein, was ich habe. Ob ich nun wenig oder viel habe, ich habe gelernt, mit jeder Situation fertig zu werden […]. Denn alles ist mir möglich durch Christus, der mir die Kraft gibt, die ich brauche.“

PHILIPPER 4,11–13; NL

Reichtümer zu horten ist ein beliebter Schutzmechanismus gegen die Angst. Weil wir Angst haben, unseren Job zu verlieren oder zu wenig Rente zu bekommen, häufen wir Besitztümer an und denken, je mehr wir haben, umso sicherer seien wir.

Wir bauen uns einen Wall aus Aktien und Wertpapieren und verstecken uns hinter Anlagenfonds. Wir vertrauen so sehr auf Renten und Pensionen, dass der Kontoauszug unseren Gemütszustand bestimmt. Und dann kommt eine Wirtschaftskrise wie ein Wirbelsturm daher und macht alles zunichte und das Chaos beginnt wieder von vorn.

Wenn es Gott nicht gäbe, wäre das Vertrauen auf materielle Dinge die einzig vernünftige Reaktion auf eine ungewisse Zukunft. Aber es gibt einen Gott. Und dieser Gott möchte nicht, dass seine Kinder sich auf Geld verlassen. Seine Antwort auf die Dummheit des reichen Mannes war ein Schwall von „Sorgt euch nicht"-Sätzen. „Macht euch keine Sorgen um euer Leben … Zerbrecht euch also nicht den Kopf darüber, was ihr essen und trinken werdet" (LUKAS 12,22.29; GN).

„Denn der Geist Gottes, der in euch wirkt, ist stärker als der Geist der Lüge, von dem die Welt beherrscht wird."

1. JOHANNES 4,4; HFA

„Zeige mir schon früh am Morgen, dass du es gut mit mir meinst, denn ich vertraue dir."

PSALM 143,8; HFA

„Wenn ihr gelassen abwartet und mir vertraut, dann seid ihr stark."

JESAJA 30,15; GN

Jaïrus flehte ihn an: „Meine Tochter liegt im Sterben. Komm und leg ihr die Hände auf, damit sie wieder gesund wird!"
(MARKUS 5,23; HFA).

Das Ganze ist kein Spiel. Es gibt kein Gefeilsche. Kein Theater. Die Situation ist sehr einfach: Jaïrus ist blind, was die Zukunft anbelangt, und Jesus kennt die Zukunft. Deshalb bittet Jaïrus ihn um Hilfe.

Und Jesus, der ein ehrliches Herz liebt, macht sich auf, um ihm zu helfen: „Verzweifle nicht! Vertrau mir ganz und gar!" (VERS 36).

Jesus fordert Jaïrus auf, das Unsichtbare zu sehen. Mit den Worten „Glaube nur …" beschwört Jesus ihn: „Begrenze, was möglich ist, nicht auf das Sichtbare. Höre nicht nur auf das, was du mit deinen Ohren vernehmen kannst. Lass dich nicht von deiner Logik leiten. Glaube, dass es mehr im Leben gibt als das, was deine Augen wahrnehmen!"

„Vertrau mir", bittet Jesus. „Hab keine Angst; vertrau nur."

„‚Habt keine Angst!', sagte Jesus zu ihnen.
‚Geht und sagt meinen Brüdern, sie sollen nach Galiläa gehen.
Dort werden sie mich sehen.'"

MATTHÄUS 28,10; GN

„Bei diesen Worten fielen die Jünger erschrocken zu Boden.
Aber Jesus kam zu ihnen, berührte sie und sagte:
‚Steht auf! Fürchtet euch nicht!'"

MATTHÄUS 17,6–7; HFA

In den Evangelien stehen etwa
125 Gebote, die Jesus uns gegeben hat.
Darin werden wir 21-mal aufgefordert:
„Habt keine Angst", „Fürchtet euch
nicht", „Seid mutig" oder „Fasst Mut".
Das zweithäufigste Gebot besagt, dass
wir Gott und unseren Nächsten lieben
sollen. Es kommt nur 8-mal vor. Wenn
man nach der Häufigkeit ihrer Nennung
geht, dann nimmt Jesus unsere Ängste
also sehr ernst. Ich frage mich, ob sich
die Jünger auch überlegten, was Jesus
immer wieder zu ihnen sagte. Wenn ja,
kamen sie bestimmt zu dem Schluss, dass
er sie immer ermahnt hatte, mutig zu
sein.

FÜRCHTE
DICH NICHT

…Gott liebt und vergibt

Der falsche Umgang mit Angst führt zu Sünde. Und Sünde führt dazu, dass wir uns verstecken. Da wir alle gesündigt haben, verstecken wir uns auch alle – vielleicht nicht gerade hinter einem Busch, aber hinter einer Achtzig-Stunden-Woche, einem Wutausbruch oder frommer Geschäftigkeit. Wir vermeiden den Kontakt mit Gott.

Wir sind uns sicher, Gott hasst es, dass wir dazu neigen, schlechte Dinge zu tun. Und daraus ziehen wir einen ganz einfachen Schluss: Gott ist unwiederbringlich sauer auf uns.

Die erste Ankündigung von Jesus gegen die Angst beinhaltete auch gleichzeitig das Thema „Vergebung". Ja, wir haben Gott enttäuscht. Aber nein, Gott hat uns nicht verlassen.

Jesus liebt uns zu sehr, um uns über seine Gnade im Ungewissen zu lassen. Seine „vollkommene Liebe vertreibt die Furcht" (1. JOHANNES 4,18; EÜ). Wenn Gott uns mit unvollkommener Liebe lieben würde, dann hätten wir allen Grund, uns Sorgen zu machen. Unvollkommene Liebe führt genau Buch über alle Sünden. Aber Gott führt über unsere Fehltritte nicht Buch. Seine Liebe vertreibt die Furcht, weil sie unsere Sünde vertreibt!

„Wahre Liebe vertreibt die Angst."

1. JOHANNES 4,18; GN

„Wer sich an den Sohn Gottes hält, wird nicht verurteilt."

JOHANNES 3,18; GN

„Mein Vater will, dass alle, die den Sohn sehen
und sich an ihn halten, ewig leben.
Ich werde sie am letzten Tag vom Tod auferwecken."

JOHANNES 6,40; GN

Wenn Sie das nächste Mal einen schlechten Tag haben, dann gehen Sie ihn doch einfach einmal mit den folgenden drei Gedanken im Hinterkopf an:

Gestern … vergeben.

Morgen … anvertraut.

Heute … geklärt.

Jesu Plan für einen guten Tag macht so viel Sinn. Seine Gnade befreit von Schuld. Sein Überblick nimmt uns unsere Angst. Seine Wegweisung bringt Klarheit in unsere Verwirrung.

„Verlass dich nicht auf deine eigene Urteilskraft,
sondern vertraue voll und ganz dem Herrn!
Denke bei jedem Schritt an ihn; er zeigt dir den richtigen Weg
und krönt dein Handeln mit Erfolg."
SPRÜCHE 3,5–6; HFA

„Freu dich, wenn du einen Glückstag hast.
Und wenn du einen Unglückstag hast, dann denke daran:
Gott schickt dir beide, und du weißt nicht,
was als Nächstes kommt."
PREDIGER 7,14; GN

„Ihr Menschen meines Volkes, hört mir zu:
Ihr wisst doch, was es heißt, so zu leben, wie es mir gefällt;
meine Gebote sind in euer Herz geschrieben.
Habt keine Angst, wenn Menschen euch verhöhnen.
Lasst euch durch ihr Gespött nicht aus der Fassung bringen!"
JESAJA 51,7; HFA

„Herr, mein Fels, meine Burg, mein Erretter;
mein Gott, mein Hort, auf den ich traue, mein Schild und
Berg meines Heiles und mein Schutz!"
PSALM 18,3; LÜ

„Denn er ist der lebendige Gott, der in alle Ewigkeit regiert.
Sein Reich geht niemals unter, seine Herrschaft bleibt für immer
bestehen. Er rettet und befreit, er vollbringt Wunder und zeigt
seine große Macht im Himmel und auf der Erde."
DANIEL 6,27–28; HFA

Alle Dinge, die großen wie die kleinen, sind Teil von Gottes Plan und dienen dazu, dass sein guter Wille Wirklichkeit wird. Auch wenn es so scheint, als sei die Welt vollkommen außer Kontrolle geraten, dann ist sie es nicht. Wenn Kriegstreiber das Sagen zu haben scheinen, haben sie es dennoch nicht. Wenn Umweltkatastrophen unsere Welt aus dem Gleichgewicht zu bringen scheinen, sollten Sie sich dennoch nicht davon aus dem Gleichgewicht bringen lassen.

Vertrauen wir unserem Vater im Himmel. Er hat die Schmerzen dieser Welt korrekt diagnostiziert und ein Buch über ihre Behandlung geschrieben. Wir können ihm vertrauen.

*„Doch wer nach dem lebt, was Gott gesagt hat,
an dem zeigt sich Gottes ganze Liebe. Daran ist zu erkennen,
ob wir wirklich mit Christus verbunden sind.
Wer von sich sagt, dass er zu Christus gehört,
der soll auch so leben, wie Christus gelebt hat."*

1. Johannes 2,5–6; Hfa

*„Was für ein Gott! Sein Handeln ist vollkommen, und was er sagt,
ist wahr. Er beschützt alle, die zu ihm flüchten.
Gott allein ist der Herr über alles! Gibt es außer ihm noch einen,
der so stark und unerschütterlich ist wie ein Fels?"*

Psalm 18,31–32; Hfa

*„Für immer und ewig hat Christus mit dem einen Opfer
alle Menschen, die zu Gott gehören sollen, in eine vollkommene
Gemeinschaft mit ihm gebracht."*

Hebräer 10,14; Hfa

Gott sieht uns Christen so, wie er auch Jesus sieht: als sündlos und vollkommen.

Haben Sie keine Angst davor, er könnte Ihre Vergangenheit aufdecken. Das hat er bereits getan.

Haben Sie keine Angst, ihn in Zukunft zu enttäuschen. Er kann Ihnen jetzt schon sagen, wann das passieren wird.

Obwohl er Ihre Vergangenheit und Ihre Zukunft genau kennt, ist seine Liebe zu Ihnen dennoch vollkommen.

„Ihr braucht keine Angst vor ihnen zu haben; denn der Herr,
euer Gott, ist bei euch. Er ist stark und mächtig und
alle seine Feinde müssen sich vor ihm fürchten."

5. Mose 7,21; GN

„Ihr könnt stolz darauf sein, dass er euer Gott ist!
Welch gewaltige und furchterregende Taten
hat er vor euren Augen vollbracht!"

5. Mose 10,21; HFA

„Kommt her und seht, was Gott getan hat!
Sein Tun erfüllt die Menschen mit Furcht und Staunen."

Psalm 66,5; GN

Wenn unser Christus groß ist, sind unsere Ängste klein.

Je größer unser ehrfürchtiges Staunen über Jesus, desto kleiner die Angst vor dem Leben. Großer Gott – großer Mut. Kleiner Gott – kein Mut. Ein schwächlicher, kümmerlicher, leidenschaftsloser Jesus hat keine Macht über Krebszellen, Korruption, Datenmissbrauch, den Einbruch von Aktienkursen, internationale Katastrophen. Ein Jesus, der in eine Schublade gesteckt werden kann, mag praktisch sein, weil er in die Handtasche oder aufs Bücherregal passt, aber gegen Ihre Ängste kann er nichts ausrichten.

Müssen wir den verklärten Jesus nicht ebenfalls kennenlernen? Der den höchsten Platz einnimmt und die einzig wahre Krone im ganzen Universum trägt – Gottes geliebter Sohn?

Je länger wir in ihm leben, umso größer wird er in uns. Nicht er verändert sich, sondern wir uns. Wir erkennen ihn immer mehr.

„Ja, vertraut dem Herrn für immer, denn er, unser Gott,
ist ein starker Fels für alle Zeiten."

JESAJA 26,4; HFA

„,Hab keine Angst, Maria', redete der Engel weiter.
,Gott hat dich zu etwas Besonderem auserwählt.
Du wirst schwanger werden und einen Sohn zur Welt bringen.
Jesus soll er heißen.'"

LUKAS 1,30–31; HFA

„Ja, so ist mein Gott: Er hat mich errettet und mir geholfen,
ich vertraue ihm und habe keine Angst.
Der Herr allein gibt mir Kraft.
Denke ich an ihn, dann beginne ich zu singen,
denn er hat mich gerettet."

JESAJA 12,2; HFA

Hier sind nur einige der Namen Gottes, die seinen Charakter beschreiben. Lernen Sie sie auswendig, denn eines Tages könnten Sie jeden einzelnen davon brauchen. Lassen Sie mich Ihnen erklären, was ich meine.

Wenn Sie sich Sorgen um die Zukunft mache, gehen Sie zu Ihrem *Jahwe Raah,* Ihrem fürsorglichen Hirten.

Wenn Sie sich um Ihre Versorgung Gedanken machen, reden Sie mit *Jahwe Jireh,* dem Herrn, der versorgt.

Sind die Herausforderungen, vor denen Sie stehen, zu groß? Suchen Sie die Hilfe des *Jahwe Schalom,* des Herrn des Friedens.

Sind Sie krank? Fühlen Sie sich innerlich schwach? *Jahwe Rapha,* der Herr, der heilt, will Ihnen jetzt begegnen.

Wenn Sie über die Namen Gottes nachdenken, werden Sie an Gottes Charakter erinnert. Nehmen Sie diese Namen und lassen Sie sie in Ihr Herz sinken.

„An jenem Tag wird man Jerusalem zurufen:
‚Fürchte dich nicht, Zion! Lass deine Hände nicht mutlos sinken!
Der Herr, dein starker Gott, der Retter, ist bei dir.
Begeistert freut er sich an dir. Vor Liebe ist er sprachlos ergriffen
und jauchzt doch mit lauten Jubelrufen über dich.'"

Zefanja 3,16–17; NL

„Wenn Gottes Liebe uns ganz erfüllt,
können wir dem Tag des Gerichts voller Zuversicht entgegengehen.
Denn wir leben in dieser Welt so, wie Christus es getan hat.
Wirkliche Liebe ist frei von Angst. Ja, wenn die Liebe uns ganz
erfüllt, vertreibt sie sogar die Angst. Wer sich also fürchtet und vor
der Strafe zittert, der kennt wirkliche Liebe noch nicht."

1. Johannes 4,17–18; HFA

Aus Angst vor Ablehnung folgen wir der Masse. Aus Angst, nicht in unsere Kleidung zu passen, schlucken wir Diätpillen. Aus Angst, uns von den anderen abzuheben, tragen wir, was alle tragen. Aus Angst, in der Masse unterzugehen, tragen wir, was sonst niemand trägt. Aus Angst, alleine zu schlafen, schlafen wir mit irgendjemandem. Aus Angst, nicht geliebt zu werden, suchen wir an falschen Orten nach Liebe.

Aber Gott spült diese Ängste weg. Jene, die mit Gottes Liebe „getränkt" sind, verraten sich nicht selbst, um die Liebe anderer zu erlangen. Sie verlieren sich noch nicht einmal, um die Liebe Gottes zu erlangen.

Wir müssen uns alle zum Positiven verändern, aber wir müssen nicht um Gottes Liebe werben. Wir verändern uns, weil Gottes Liebe uns bereits gehört. Gottes vollkommene Liebe.

„Wenn wir aber unsere Verfehlungen eingestehen,
können wir damit rechnen, dass Gott treu und gerecht ist:
Er wird uns dann unsere Verfehlungen vergeben
und uns von aller Schuld reinigen."

1. JOHANNES 1,9; GN

„Habt keine Angst. Es stimmt, ihr habt Unrecht getan.
Doch von nun an dient dem Herrn mit eurem ganzen Herzen
und wendet euch niemals wieder von ihm ab."

1. SAMUEL 12,20; NL

„Denn nur durch seine unverdiente Güte seid ihr vom Tod errettet
worden. Ihr habt sie erfahren, weil ihr an Jesus Christus glaubt.
Dies alles ist ein Geschenk Gottes und nicht euer eigenes Werk."

EPHESER 2,8; HFA

Nichts fördert den Mut so sehr wie ein klares Verständnis von Gottes Gnade. Und nichts fördert die Angst so sehr wie die Unkenntnis der Gnade. Darf ich ganz offen sein? Wenn Sie Gottes Vergebung noch nicht für sich in Anspruch genommen haben, sind Sie zur Angst verdammt. Nichts kann Sie von der nagenden Gewissheit befreien, dass Sie Ihren Schöpfer missachtet und seinen Anweisungen nicht gehorcht haben. Es gibt keine Pille, keine Motivationsansprache, keinen Psychiater und keine Besitztümer, die das Herz eines Sünders beruhigen könnten. Man kann die Angst verdrängen, aber man kann sich nicht davon befreien. Das kann nur Gottes Gnade.

Haben Sie Jesu Vergebung angenommen? Falls nicht, sollten Sie es noch tun. „Wenn wir aber unsere Sünden bekennen, dann erfüllt Gott seine Zusage treu und gerecht: Er wird unsere Sünden vergeben und uns von allem Bösen reinigen" (1. JOHANNES 1,9; GN). Sie können dies mit Hilfe eines ganz einfachen Gebetes machen. Zum Beispiel folgendermaßen: „Lieber Vater, ich brauche Vergebung. Ich gestehe, dass ich mich in Gedanken und im Verhalten von dir abgewandt habe. Bitte vergib mir. Ich lege meine Seele in deine Hände und vertraue deiner Gnade. In Jesu Namen bete ich, amen."

Wenn Sie auf diese Weise Gottes Vergebung empfangen haben, dann dürfen Sie auch frei leben. Wenn Jesus Sie befreit hat, dann sind Sie wirklich frei.

„Denn der Geist Gottes, den ihr empfangen habt, führt euch nicht
in eine neue Sklaverei, in der ihr wieder Angst haben müsstet.
Er macht euch vielmehr zu Gottes Kindern. Jetzt können wir
zu Gott kommen und zu ihm sagen: ‚Vater, lieber Vater!'"

RÖMER 8,15; HFA

„So viel Selbstvertrauen habe ich vor Gott,
weil Christus mich in seinen Dienst gestellt hat.
Ich meine nicht, dass ich einem solchen Auftrag aus eigener Kraft
gewachsen bin und mir irgendetwas selbst zuschreiben kann.
Gott ist es, der mir die Fähigkeit dazu geschenkt hat."

2. KORINTHER 3,4–5; GN

„Auch in Zukunft wird mich der Herr vor allen bösen Angriffen
schützen und in seine neue Welt im Himmel aufnehmen.
Ihm gehört für immer alle Ehre. Amen."

2. TIMOTHEUS 4,18; HFA

*I*hr himmlischer Vater hat nicht vor, Sie fallen zu lassen. Sie werden „durch seine Kraft bewahr[t]" (1. Petrus 1,5; HFA). Er kann uns „davor bewahren, dass wir vom rechten Weg abirren. So können wir von Schuld befreit und voller Freude vor ihn treten" (Judas 24; HFA).

Nehmen Sie diese Wahrheit in sich auf! Gott kann verhindern, dass Sie fallen! Möchte er, dass Sie in Angst leben? Nein! Genau das Gegenteil ist der Fall. „Denn der Geist Gottes, den ihr empfangen habt, führt euch nicht in eine neue Sklaverei, in der ihr wieder Angst haben müsstet. Er macht euch vielmehr zu Gottes Kindern. Jetzt können wir zu Gott kommen und zu ihm sagen: ‚Vater, lieber Vater!' Gottes Geist selbst gibt uns die innere Gewissheit, dass wir Gottes Kinder sind" (Römer 8,15–16; HFA).

Tief in Ihrem Innersten bestätigt Gottes Geist Ihrem Geist, dass Sie zu ihm gehören. Tief ins Innerste Ihres Herzens flüstert Ihnen Gottes Geist zu: „Du bist mein. Ich habe dich erkauft und dir mein Siegel aufgedrückt und niemand kann dich mir nehmen."

„Wir wollen nicht müde werden zu tun, was gut und recht ist.
Denn wenn die Zeit da ist, werden wir auch die Ernte einbringen;
wir dürfen nur nicht aufgeben."

GALATER 6,9; GN

„Meine Brüder und Schwestern, nehmt es als Grund zur Freude,
zur reinsten Freude, wenn ihr in vielfältiger Weise auf die Probe
gestellt werdet. Denn ihr wisst: Wenn euer Glaube erprobt wird,
führt euch das zur Standhaftigkeit."

JAKOBUS 1,2–3; GN

„Aber wer bis zum Ende standhaft bleibt, wird gerettet."

MATTHÄUS 10,22; GN

Wer in einer von Sünde verdunkelten Welt lebt, kann ihr zum Opfer fallen.

Jesus redet ehrlich über das Leben, zu dem wir berufen sind. Es gibt keine Garantie dafür, dass wir unversehrt bleiben, nur weil wir zu ihm gehören. In der Bibel findet sich kein Versprechen, in dem es heißt, wer dem König folgt, sei vom Kampf ausgenommen. Nein, oft ist genau das Gegenteil der Fall.

Wie überleben wir den Kampf? Wie überstehen wir die Schlacht?

Jesus sagt: „Wer aber bis zum Ende standhaft bleibt, wird gerettet" (MATTHÄUS 24,13; GN).

Er verspricht nicht: „Wenn ihr Erfolg habt, werdet ihr gerettet." Oder: „Wenn ihr an der Spitze seid, werdet ihr gerettet." Nein, die Standhaften werden gerettet.

„Aber alle, die auf den Herrn vertrauen,
bekommen immer wieder neue Kraft,
es wachsen ihnen Flügel wie dem Adler.
Sie gehen und werden nicht müde,
sie laufen und brechen nicht zusammen."

Jesaja 40,31; GN

„Mitten im Leid triumphieren wir über alles durch die Verbindung
mit Christus, der uns so geliebt hat."

Römer 8,37; HFA

> *„Er hat mit seinem Tod am Kreuz diesen Willen Gottes erfüllt; und deshalb gehören wir durch sein Opfer ein für alle Mal zu Gott."*
>
> HEBRÄER 10,10; HFA

Gott möchte, dass Sie fliegen.

Er möchte, dass Sie fliegen, frei von der Schuld von gestern.

Er möchte, dass Sie fliegen, frei von der Angst von heute.

Er möchte, dass Sie fliegen, frei vom Grab von morgen.

Sünde, Angst und Tod. Dies sind die Berge, die er versetzt hat. Und danach sehnt er sich: Er sehnt sich danach, Sie zu befreien, sodass Sie fliegen können.

„So unermesslich groß wie der Himmel ist seine Güte zu denen,
die ihn ehren. So fern der Osten vom Westen liegt,
so weit entfernt er die Schuld von uns."

PSALM 103,11–12; GN

„Denn die Gnade Gottes, die allen Menschen Rettung bringt,
ist sichtbar geworden. […] Dies alles sollst du lehren.
Ermutige die Menschen und weise sie zurecht, wenn es nötig ist!"

TITUS 2,11.15; NL

„Doch auch wenn unser Gewissen uns schuldig spricht,
dürfen wir darauf vertrauen,
dass Gott größer ist als unser Gewissen. Er kennt uns ganz genau."

1. JOHANNES 3,20; HFA

Binden Sie Ihr Herz mit einem ganz festen Knoten an dieses Versprechen. Vergessen Sie nie die Worte des Apostels Johannes: „Denn wenn das Herz uns auch verurteilt – Gott ist größer als unser Herz und er weiß alles" (1. Johannes 3,20; EÜ). Wenn Sie das Gefühl haben, dass Ihnen nicht vergeben ist, dann werfen Sie Ihre Gefühle hinaus. Gefühle haben hier nichts zu sagen. Halten Sie sich an die Aussagen der Bibel. Gottes Wort steht über unserer Selbstkritik und unseren Selbstzweifeln.

So schrieb Paulus an Titus: „Denn die Gnade Gottes, die allen Menschen Rettung bringt, ist sichtbar geworden. […] Dies alles sollst du lehren. Ermutige die Menschen" (Titus 2,11; NL). Haben Sie schon mit Gottes Gnade Bekanntschaft gemacht? Dann können Sie mutig lieben und aus vollem Herzen leben. Sie können sich von Trapez zu Trapez schwingen, weil Sie die Gewissheit haben, dass sein Fangnetz Sie auffangen wird.

„Darauf erwiderte ihr Jesus: ‚Ich bin die Auferstehung
und ich bin das Leben. Wer mir vertraut, der wird leben,
selbst wenn er stirbt. Und wer lebt und mir vertraut,
wird niemals sterben.'"

Johannes 11,25–26; Hfa

„Gelobt sei Gott, der Vater unseres Herrn Jesus Christus!
In seinem grenzenlosen Erbarmen hat er uns neues Leben geschenkt.
Weil Jesus Christus von den Toten auferstanden ist,
haben wir die Hoffnung auf ein neues, ewiges Leben."

1. Petrus 1,3; Hfa

„Denn wir wissen: Wenn dieses irdische Zelt, in dem wir leben,
einmal abgerissen wird – wenn wir sterben
und diesen Körper verlassen –, werden wir ein ewiges Haus
im Himmel haben, einen neuen Körper,
der von Gott kommt und nicht von Menschen."

2. Korinther 5,1; NL

Der Tod. Der Schlägertyp in der Nachbarschaft namens Leben. Er verfolgt Sie, er stellt Ihnen nach und lässt Ihnen einfach keine Ruhe: „Eines Tages wirst auch du sterben."

Er sorgt dafür, dass sich Ihr Magen zusammenzieht. Er lässt Sie mit weit aufgerissenen Augen und einem platten Reifen zurück. Er sperrt Sie in das Gefängnis der Angst. Er raubt Ihnen die Freude der Jugend und den Frieden der späten Jahre. Und wenn sein Plan Erfolg hat, schlägt er Sie mit der Angst vor dem Tod so sehr in Bann, dass Sie nie wirklich leben.

Aber Christen können diesem Gangster unerschrocken ins Angesicht sehen und ihm das Versprechen entgegenhalten, das im leeren Grab widerhallte: „Mein Tod ist nicht endgültig."

Ob Sie dem Tod ins Auge sehen, Sie tun es nicht allein; der Herr ist mit Ihnen.

Sie mögen von Arbeitslosigkeit bedroht sein, dennoch sind Sie dabei nicht auf sich allein gestellt; der Herr ist mit Ihnen.

Vielleicht wird Ihre Ehe von Krisen geschüttelt, aber inmitten von alledem stehen Sie nicht allein da; der Herr ist mit Ihnen.

Ein Berg von Schulden türmt sich vor Ihnen auf, doch Sie haben einen mächtigen Verbündeten; der Herr ist mit Ihnen.

„Die Kinder aber sind wir, Menschen aus Fleisch und Blut.
Christus ist nun auch ein Mensch geworden wie wir, um durch
seinen Tod dem Teufel – als dem Herrscher über den Tod –
die Macht zu entreißen. So hat er alle befreit, die aus Furcht vor
dem Tod ihr ganzes Leben hindurch Gefangene des Teufels waren."

HEBRÄER 2,14–15; HFA

„Denn Gott hat uns versprochen: ‚Ich lasse dich nicht im Stich,
nie wende ich mich von dir ab.' Deshalb können wir
voller Vertrauen bekennen: ‚Der Herr hilft mir, und ich brauche
mich vor nichts und niemandem zu fürchten.
Was kann mir ein Mensch schon antun?'"

HEBRÄER 13,5–6; HFA

„Deshalb bin ich auch ganz sicher, dass Gott sein Werk,
das er bei euch begonnen hat, zu Ende führen wird, bis zu dem Tag,
an dem Jesus Christus kommt."

PHILIPPER 1,6; HFA

„Ich wünsche euch nun von Herzen, dass Gott selbst euch hilft,
das Gute zu tun und seinen Willen zu erfüllen.
Er ist es ja, der uns seinen Frieden schenkt."

HEBRÄER 13,20–21; HFA

„Wer meine Botschaft hört und an den glaubt,
der mich gesandt hat, der wird ewig leben."

JOHANNES 5,24; HFA

Die Einhaltung von religiösen Vorschriften kann Ihnen die Kraft rauben. Es ist ein endloser Kreislauf. Immer wieder muss man neue Lektionen lernen, den Sabbat halten, den Ramadan beachten. Kein Gefängnis ist so weitläufig wie das Gefängnis der Perfektion. Seine Insassen finden genug Arbeit, doch niemals Frieden. Wie könnten sie auch? Sie wissen nie, wann sie fertig sind.

Christus jedoch beschenkt Sie mit einer bereits vollbrachten Arbeit. Er erfüllte das Gesetz für Sie. Sagen Sie der Bürde der Religion Lebewohl. Verschwunden ist die Furcht, dass Sie nicht genug getan haben, obwohl Sie alles getan haben. Sie steigen die Treppe hinauf, doch nicht aus eigener, sondern aus Gottes Kraft. Gott verspricht, denen zu helfen, die aufhören, sich selbst zu helfen.

„Ich aber bin gekommen, um ihnen das Leben zu geben,
Leben im Überfluss."

JOHANNES 10,10; GN

„Der Herr ist denen nahe, die zu ihm beten und es ehrlich meinen."

PSALM 145,18; HFA

„Wer mir nachfolgt, irrt nicht mehr in der Dunkelheit umher,
sondern folgt dem Licht, das ihn zum Leben führt."

JOHANNES 8,12; HFA

Ich wünschte, wir würden Jesus beim Wort nehmen. Ich wünschte, wir würden lernen, wenn er etwas sagt, dann geschieht es auch.

Wenn er sagt, dass uns vergeben ist, dann lassen Sie uns auch die Schuld abladen.

Wenn er sagt, dass wir wertvoll sind, dann lassen Sie uns ihm auch glauben.

Wenn er sagt, dass wir ewig leben, dann lassen Sie uns auch unsere Furcht begraben.

Wenn er sagt, dass für uns gesorgt wird, dann lassen Sie uns auch aufhören, uns Sorgen zu machen.

*„Für alles auf der Welt hat Gott schon vorher die rechte Zeit
bestimmt. In das Herz des Menschen hat er den Wunsch gelegt,
nach dem zu fragen, was ewig ist.
Aber der Mensch kann Gottes Werke nie voll und ganz begreifen.“*

PREDIGER 3,11; HFA

*„Ich weiß, dass ihr an den Sohn Gottes glaubt.
Mein Brief sollte euch noch einmal versichern,
dass ihr das ewige Leben habt.“*

1. JOHANNES 5,13; HFA

*„Bleibt fest in der Liebe Gottes, und wartet geduldig auf den Tag,
an dem euch unser Herr Jesus Christus in seiner Barmherzigkeit
zum ewigen Leben führen wird.“*

JUDAS 21; HFA

Die krummen Wege und Winkelzüge des Lebens führen uns immer wieder schmerzlich vor Augen, dass wir hier letztlich nicht zu Hause sind. Die Sprache, die Kultur und der Lärm dieser Welt sind uns fremd, sie verwirren uns und rauben uns den Schlaf, und wir fühlen uns weit von zu Hause entfernt.

Und wissen Sie was? Das darf ruhig so sein.

Sie haben die Adresse Ihres ewigen Zuhauses irgendwo in Ihrem Bewusstsein eingebrannt. Gott hat „die Ewigkeit in ihr Herz gelegt" (PREDIGER 3,11; EÜ). Tief in Ihrem Inneren wissen Sie, dass Sie hier nicht hingehören.

Gott stillt tägliche Bedürfnisse täglich.
Nicht wöchentlich oder jährlich.
Er wird Ihnen zum richtigen Zeitpunkt geben,
was Sie brauchen.

_____

_____

_____

_____

_____

_____

_____

_____

_____

_____

_____

_____

_____

_____

_____

_____

_____

„Lasst uns deshalb zuversichtlich
vor den Thron unseres gnädigen Gottes treten.
Dort werden wir Barmherzigkeit empfangen
und Gnade finden, die uns helfen wird,
wenn wir sie brauchen."

Hebräer 4,16; NL

Quellenangabe

Die Texte in diesem Buch stammen aus den folgenden Büchern
von Max Lucado:

The Applause of Heaven. Nashville: Thomas Nelson, Inc., 1990:
   Seiten 79, 174.
In the Eye of the Storm. Nashville: Thomas Nelson, Inc., 1991:
   Seiten 33, 171.
In the Grip of Grace. Nashville: Thomas Nelson, Inc.,
   1996: Seite 91.
The Great House of God. Nashville: Thomas Nelson, Inc., 1997:
   Seite 195.
Just Like Jesus. Nashville. Thomas Nelson, Inc., 1998:
   Seite 87.
And the Angels Were Silent. Nashville: Thomas Nelson, Inc.,
   2003: Seiten 143, 203, 205.
God Came Near. Nashville: Thomas Nelson, Inc., 2003:
   Seiten 47, 57, 69.
Leichter durchs Leben. Asslar: Gerth Medien, 2003:
   Seiten 109, 113, 167, 210, 217.
No Wonder They Call Him the Saviour. Nashville:
   Thomas Nelson, Inc., 2003: Seite 42.
Come Thirsty. Nashville: Thomas Nelson, Inc., 2004:
   Seiten 8, 21, 37, 133, 159, 191, 197, 201.
Liebe im Überfluss. Asslar: Gerth Medien, 2004: Seite 100.

Cure for the Common Life. Nashville: Thomas Nelson, Inc., 2005:
Seite 28.

Der Retter von nebenan. Asslar: Gerth Medien, 2005:
Seiten 24, 61, 65, 95, 99, 213.

Ein Tag, der alles veränderte. Asslar: Gerth Medien, 2006:
Seiten 163, 209.

Er versetzt immer noch Berge. Asslar: Gerth Medien, 2007:
Seiten 119, 179, 215.

Every Day Deserves a Chance. Nashville: Thomas Nelson, Inc.,
2007: Seiten 13, 17, 53, 83, 124, 151, 154, 186.

3:16 – Zahlen der Hoffnung. Asslar: Gerth Medien, 2008:
Seiten 105, 107.

Leben ohne Angst. Asslar: Gerth Medien, 2010: Seiten 11, 15, 19,
23, 27, 31, 35, 39, 45, 49, 51, 54, 59, 63, 66, 71, 73, 76, 81, 85,
89, 93, 97, 103, 111, 116, 121, 122, 127, 129, 131, 135, 137, 139, 141,
145, 148, 153, 157, 161, 165, 169, 173, 177, 181, 184, 189, 193, 199,
207.